LEIPZIG IN FARBE

1. Seite 6 ZEITEN UND FARBEN

2. Seite 46 WEITE UND NÄHE

VEB
F. A. Brockhaus Verlag
Leipzig

Fotos: Renate und Roger Rössing
Text: Wolfgang U. Schütte

LEIPZIG IN FARBE

ISBN 3-325-00067-3

3. Auflage

Lizenz-Nr. 455/150/15/90 · LSV 5219
Lektor: Ernst Guse
Buchgestaltung: Walter Schiller
Gesamtherstellung: Druckerei Fortschritt Erfurt

Printed in GDR
Redaktionsschluß: 30. 5. 1985/30. 5. 1989
Bestell-Nr. 586 290 7
03600

Rundblick vom Uni-Hochhaus,
Aufnahme mit einer Panorama-Kamera
Seite 1: Detail des Mendebrunnens
vor dem Gewandhaus

Seite 6: . . . und abends ins Theater.
Eine von 450 Litfaßsäulen Leipzigs
Seite 7: Bevor das festliche Konzert
im Gewandhaus beginnt

Seite 8: Abendstimmung
über der Stadt, gesehen vom
Hochhaus Wintergartenstraße

LEIPZIGER THEATER
NEU IM SPRECHTHEATER 1982/83
FAUST II
LULU
Vor aller Augen
Othello
Eine Rock-Ballade
PARSIFAL
ROMEO und JULIA

1. ZEITEN

UND FARBEN

Liebe Yvette,

diese Empfänge, auf denen lauter wichtige Leute mit dem Glas in der Hand herumstehen und eine möglichst bedeutsame Miene aufsetzen, sind meine Wiese nicht. Hättest Du mich an jenem Abend in Neubrandenburg nicht angesprochen, wir wären nie aneinandergeraten. Du, die Filmemacherin Yvette aus Lyon, und ich, der Publizist aus Leipzig.

Schon damals hast Du angekündigt, daß Du gern einen Film in Leipzig zeigen möchtest. Nun ist es bald so weit, und ich freue mich auf Deinen Besuch im traurigen Monat November sehr. Auch hier ist es zu dieser Jahreszeit grau und neblig, vielleicht sogar ein bißchen mehr als anderswo. Aber das wird uns nicht beeindrucken.

Habe ich Dir von dieser merkwürdigen – also des Merkens würdigen – Stadt erzählt? Vermutlich nicht. Deshalb habe ich mir ausgedacht, Dich auf diese Weise ein wenig zu präparieren, nicht etwa weil wir hier in einem Sündenbabel leben, sondern weil ein paar Tips nie schaden können, wenn man in ein fremdes Land und eine unbekannte Stadt kommt.

Ich bin kein Ureinwohner dieser Gegend, lebe aber seit über zwanzig Jahren hier und habe mich so peu-à-peu eingerichtet. In zwei Dezennien sammeln sich ein paar Erfahrungen, Kenntnisse an, die ich Dir gern vermitteln möchte. Ich füge getrost hinzu, daß ich mich auch für befangen halte und bestimmt nicht objektiv bin. Also: Leipzig hat seine Reize, aber ebenso seine Ecken und Kanten, seine hellen und freundlichen und seine kräftigen und dunklen Farben.

Als »Stadtbilderklärer« – so heißt ein Guide hierorts – vermag ich Dir nicht zu dienen. Aber selbstverständlich werde ich in dieser Hinsicht tun, was in meinen Kräften steht. Obwohl die Animations-, Dokumentar- und Kurzfilme, die Du in den Kinos Capitol und Casino ansehen kannst, zweifellos Deine Aufmerksamkeit und Zeit beanspruchen werden, ein paar kleine Abstecher in die Innenstadt wirst Du wohl oder übel machen müssen.

Aber am Anfang ist alles ganz anders. Bevor Du Leipzig betrittst, wirst Du mit einem europäischen Spitzenerzeugnis Bekanntschaft schließen: dem imposanten Hauptbahnhof. Erbaut wurde er von 1907 bis 1915, die Querhalle ist 267 Meter lang, 33 Meter breit und 27 Meter hoch. Auf welchem Bahnsteig Dein Zug ankommt – einer von 320 am Tag – weiß ich nicht, aber ich kann Dir sagen, daß es 26 gibt.

Die beiden Eingänge im Osten und Westen haben ihre Geschichte. Damals stand der östliche unter sächsischer und der westliche Teil unter preußischer Hoheit. Jede Verwaltung wollte ihren eigenen Eingang haben – wie konnte man von einem preußischen Bahnbeamten erwarten, daß er durch den sächsischen Eingang zum Dienst ging!

Heute sind wir über die zwei Zugänge nicht böse. Was damals Engstirnigkeit war, hat sich paradoxerweise als Weitsicht erwiesen. Wie sich die Zeiten ändern.

Projektiert wurde der Weltstadtbahnhof nicht einmal von Leipzigern, aber immerhin von Sachsen, es waren die Dresdner Architekten William Lossow und Max Hans Kühne. Ob sie dafür geehrt wurden, ist mir nicht bekannt, doch verdient hätten sie es gewiß. Der letzte Hammerschlag fiel am 4. Dezember 1915 und somit zu einer Zeit, in der viele noch glaubten, daß der Krieg, die »große Zeit«, bald vorbei sein würde. Von Kohlrübenwinter und Hunger wußte man noch nichts und die wenigsten ahnten, daß das trostlose Grau eine dominierende Farbe der kommenden Zeit sein würde, Grau durchwebt mit Trauerflorschwarz.

Am 8. November 1918 jedoch prägte eine andere Farbe das Gesicht des Bahnhofs: rote Fahnen und rote Armbinden. Die dann leider verpfuschte Revolution, in Leipzig hatte sie im Hauptbahnhof ihren Ausgangspunkt. Bald allerdings kam wieder das Grau zum Vorschein.

Grau in Grau präsentierte sich lange Zeit das Äußere des Bahnhofs, nun aber wurde seine Fassade gründlich gesäubert, und plötzlich sieht man überrascht, daß er aus gelbem Sandstein besteht.

Vor der Hauptbahnhofsära gab es den Magdeburger, den Thüringer, den Berliner und den Eilenburger Bahnhof. Den Bayrischen gibt es heute noch, nur Züge nach Bayern fahren dort nicht mehr ab. Eine Reise über Leipzig war anno dunnemals zu keiner Jahreszeit bequem. Wer seine Koffer vom Magdeburger zum Bayrischen Bahnhof schleppen mußte, der machte beim nächstenmal lieber einen großen Bogen um Leipzig. Obschon in jenen Jahren gelbschwarz bemützte Gepäckträger keine unbekannten Wesen waren. Heutzutage ist es geradezu ein Glücksfall, wenn man einen ausfindig macht. Sie sind selten anzutreffen, und zwar selten im Frühling, Sommer, Herbst und Winter.

Im zweiten Weltkrieg hat der Hauptbahnhof stark gelitten, zwei Bombenangriffe beschädigten ihn beträchtlich; es ist ein trauriges Bild gewesen, eine Ruine von gigantischem Ausmaß.

Doch nicht diese dunklen Farben will ich Dir malen, liebe Yvette. Bei Deiner Ankunft wird der Bahnhof bunt sein. Dann schmücken die Fahnen vieler Länder die Bahnsteige, und die fliegenden Händler werden vor Höflichkeit überquellen, und wie zu Messezeiten bemühen sich alle Leute, freundlich zu sein. An Motiven für Deine kleine Kamera wird kein Mangel sein.

Gastronomisch ist dieser Mammut-Bahnhof in erster Linie auf Massenbetrieb eingestellt, man findet aber, wenn man sie findet, auch anheimelnde Restaurants mit gemütlicher Atmosphäre, durchaus geeignet, die Freundin aus Lyon zu einem roten oder weißen Wein einzuladen. Vielleicht um über Leipzig und die Leipziger zu plaudern.

»Um Leipzig herum,« heißt es in dem Buch »Sächsisch« von Hans Reimann, »geht es übertrieben flach zu. Man hat seinerzeit verabsäumt, genügend Berge anzupflanzen. Flach und banal ist das gleiche, und weil der Sachse zur Romantik neigt, zur Betriebsamkeit und zur Neugier, so reist er lüstern in die weite Welt.« Der gleiche Autor hat einen originellen Stadtführer »Leipzig – Was nicht im Baedeker steht« geschrieben, den ich Dir zu verehren gedenke. Eingangs nennt Hans Reimann zwei Wasserläufe namens Pleiße und Parthe, das sind heutzutage leider unsaubere und oft übelriechende Flüßchen, bei und in denen wir uns um unserer Gesundheit willen nicht weiter aufhalten wollen. Streusand drüber! Also, noch einmal Originalton Hans Reimann: »Wo Pleiße und Parthe, zwei arme Hascherln ihre Betten vereinen in Sumpf und Morast, pflanzten die Slaven eine Burg hin, ein Bollwerk gegen die vom Westen heranrollenden Deutschvölkischen.

In der Merseburger Chronik (1015) wird ihrer Erwähnung getan. Aber die Deutschvölkischen okkupierten die Burg Libzi und Markgraf Otto beorderte seine Architekten, einen festen Plan einer Stadt zu entwerfen. (1160).

Die Umrisse der wohlbewehrten Stadt Lipsk nachzuziehen, ist ein Kinderspiel: man ampele rund um die Promenade.«

Dieses Ampeln, wie Reimann es so freundlich nennt, diesen Umriß-Spaziergang, machen wir später. Ich hoffe nur, daß die Sonne etwas scheint, damit die natürliche Tristesse des Nebelmonats wenigstens da und dort durchbrochen wird und wir manches Betrübliche in einem milderen Lichte zu sehen geneigt sind. (Oh, das habe ich aber schön gesagt ...)

Leipzig besitzt auch einen Stadtbrief, ein schönes, postkartengroßes Pergament, auf dem aber das Wichtigste fehlt: die Datumszeile. Die Stadtgründung kann sowohl 1156 als auch 1170 geschehen sein. Heute datiert man die Gründung mit »um 1165«. Du siehst, unsere Stadt hat ihre kleinen Geheimnisse.

Die Filmemacherin interessieren die Farben im Zentrum vielleicht mehr als die Zeiten, in denen Leipzig noch Libzi oder Lipsk war. Deshalb führe ich Dich jetzt auf den Brühl, eine der berühmtesten Leipziger Straßen. Der Brühl war zu allen Zeiten eine Pelzhochburg, hat heute allerdings wohl etwas von seinem Glanz eingebüßt. Ein mehrstöckiger Neubau in Lila ist Heimstatt der Firma Brühlpelz, und die Leuchtschrift verkündet das auch im Dunkel der Leipziger Nächte mit schwungvollen Lettern. Neben diesem Betrieb haben viele Kürschner rings um den Brühl ihre Werkstätten. Welch ein Trubel hier vor dem ersten Weltkrieg herrschte, zeigen vergilbte Fotografien und ange-

staubte Berichte. Überwiegend jüdische Pelzhändler bewohnten den Brühl, und die Geschäfte tätigte man vormittags, nachmittags, abends vorwiegend auf der Straße, Juden im Kaftan und mit Ringellöckchen handelten und feilschten. Sie wurden, wie Du weißt, nicht nur hier verfolgt und verfemt – im braunen 1000jährigen Reich. Wo ihre Synagoge stand, meldet heute nur noch ein Gedenkstein, an dem aber immer frische Blumen liegen. Auch düstere Zeiten hat diese Stadt erlebt ...

Felle jedoch kommen noch immer unter den Hammer, und just, da ich Dir schreibe, findet die 574. Rauchwarenauktion statt. »Brühl« ist auch der Titel der Fachzeitschrift für den Rauchwarenhandel.

Der große Platz, der sich in südlicher Richtung an den Brühl anschließt, heißt Sachsenplatz, und ein Gebäude mit auffällig eigenwilliger Dachkonstruktion beherbergt ebenfalls eine wichtige Firma: »Leipzig-Information«. Die Farben blau und gelb und der Leipziger Löwe künden davon, daß es sich um ein städtisches Unternehmen handelt. Warum Leipzig nun ausgerechnet die Farben blau und gelb führt, kann ich Dir nicht verraten (ich muß mich selbst erst erkundigen). Ich weiß aber, daß wir in Leipzig zwei Fußballmannschaften haben, deren Farben kennzeichnend für Leipzig beziehungsweise für das (nicht mehr existierende) Land Sachsen sind. Der 1. FC Lok (1. steht für leider oft nur angenommene »Spitze«) spielt in den Farben Blau-Gelb und Chemie Leipzig – der andere Fußballverein – in Grün-Weiß, den Sachsenfarben. Wenn es zu einem Ortsderby kommt, dann sind Fan-Blöcke durch blau-gelbe oder grün-weiße Fahnen, Schals, Pullover ohne die geringste Mühe auszumachen. Überhören kann man die Gesänge dieser Menschen ebenfalls nicht. Auf dem Fußballplatz und auch schon auf dem Weg dorthin kann man die abenteuerlichsten Wappen in diesen Farben erblicken. Heraldik-Spezialisten hätten vielleicht ihre Freude daran. Treibt die Fußballbegeisterung in Frankreich auch solch seltsame Blüten?

Doch nicht davon wollte ich reden, sondern von »Leipzig-Information«. Hier kann man Plakate, Ansichtskarten, manchmal auch ein Buch aus dem Brockhaus Verlag und ganz selten Eintrittskarten für unsere beiden politisch-satirischen Kabaretts »academixer« und »Leipziger Pfeffermühle« erwerben. Gut sind sie beide und als Konkurrenten freundschaftlich miteinander verbunden. In einem »academixer«-Programm gibt es eine satirische Stadtführung, da wird Leipzigs Barackbauweise kritisiert und »Leipzig-Information« als größte Kartenverkaufsbude der Welt bezeichnet. Aber es gibt in dem ulkigen Bau noch einen Kinosaal, doch kein Kino, und Ausstellungsflächen. Wenn Du Glück hast, dann ist gerade etwas Interessantes zu besichtigen: Karikaturen, Arbeiten von Künstlern aus Partnerstädten, herrliches altes Spielzeug.

Ausstellungen machen müde und wenn sie noch so abwechslungsreich und farbenfreudig sind. Im Erdgeschoß findet man eine Mokkastube. Apropos braune Brühe – das gibt mir Gelegenheit, etwas über das sächsische Nationalgetränk zu meditieren – und Dich mit unserem, pardon, »Kaffee« bekannt zu machen. Mit dem gleichnamigen Getränk, welches bei Euch in Bistros gereicht wird, ist es, glaube ich, nur sehr entfernt verwandt. Unser Kaffe ist nämlich prinzipiell etwas sparsamer und hat seit jeher den Spitznamen »Bliemchengaffee«, weil man die Blümchen in der Kaffeetasse ohne Mühe erkennen kann.

Was mich immer aufs neue verwundert ist die Wertschätzung, die diese hellbraune Flüssigkeit durch die Zeiten genossen hat. Bach hat seinen Coffee wohl selbst und auch stark gebraut, wäre ihm sonst die Kaffeekantate eingefallen? Und Lene Voigt, eine sächsische Dichterin aus den zwanziger Jahren, hat ihre »Hymne an den Kaffee« möglicherweise auf den von ihr gebrauten bezogen. In ihrer Kaffeehymne heißt es:

»Dr Gaffe is fier alles gut,«
Belehrte mich Frau Grassen,
»'s gibt nischt, wo dähr nich hälfen dut,
Se genn sich druff verlassen.

Bei galten Fießen, Liewesweh,
Bei Gobbschmärz un bei Reißen,
Da is ä Schlickchen Bohngaffee
Nich hoch genug zu breisen.

Im Lähm gibbt's geene Laache, wo
Dr Gaffe dät verfählt sin,
De ältsten Baare machtr froh,
Wie lang se ooch vermählt sin.«

Wenn Dir dieses Deutsch unverständlich sein sollte, gedulde Dich, ich werde es Dir später übersetzen. Das ist nämlich Sächsisch im Original, unser geliebter und ungeliebter (vor allem in Berlin) heimatlicher Dialekt. Deshalb bitte ich Dich höflichst, mild und gelassen zu sein, wenn Du diese Laute hörst. Sächsisch als »Sprache« wurde bedichtet, und es wurde und wird in Sächsisch gedichtet; selbst Erich Kästner schreckte nicht davor zurück. Manche haben über das Sächsisch hochmütig gelächelt, es ist aber ein Dialekt wie jeder andere. Reaktionen von Gegnern der Sachsen blieben nicht aus. Wahrscheinlich deshalb wurde Walther Appelt angeregt, das Lied »Ich bin ein Sachse ...« zu verfassen:

Ich bin ein Sachse, kennt ihr meine Schbrache?
Ihr kennt sie nich, ihr bildeds eich bloß ein!
Denn was ich auch erzähl, unn was ich sahche,
Ihr denkt ja doch bloß, das solln Witze sein!

Ihr habbt ähm kee Frschdändnis,
eich fehlt die Menschenkenntnis:
Ihr denkt, mir Sachsen sinn ä deidscher Schdamm,
damit die andern was zu feixen hamm!

In der letzten Strophe sagt Appelt:

Daß das ä Errduhm ist, kenn mier beweisen:
ä bleeder Mensch, der hat doch kee Gefiehl!
Doch eier Herz, ihr Bayern oder Breißen,
iß gegen unsersch bloß ä Kinderschbiel.
Un unsere scheensden Driewe
die heeßen: Heimadliewe.
Weshalb mir ooch am heißesden ergliehn
fier unsre Mudderschbrache weiß und grien!

Du siehst, liebe Yvette, selbst unsere Sprache ist farbig. Gesprochen wird das Sächsisch natürlich nicht nur in Leipzig, auch in der ehemaligen Residenzstadt Dresden und allen Orten, die zwischen Leipzig und Dresden liegen. »Leipzig ist sehr schön,« sagte Jan Altenburg in einem 1928 veröffentlichten Artikel, also zu einer Zeit, als sich schon dunkle Wolken am Horizont abzuzeichnen begannen, »denn man erreicht von dort aus in knapp zwei Stunden das anmutvolle Dresden. Was Leipzig selbst anbelangt, so möchte ich dort nicht meine Photographie begraben lassen, geschweige denn leben ... Dostojewski war schlecht beraten, als er ein paar Jahre in Dresden lebte. In Leipzig hätte er wohnen sollen! Die Raskolnikow-Stimmung dieser physiognomielosen, nüchternen und grauen Stadt mit ihrer trostlosen Umgebung ist ohne Musik ... Leipzig ist häßlich. Nicht nur in den Arbeiter-Vororten, auch in der Gegend des Bayrischen Bahnhofs, in der Seeburgstraße, Alexanderstraße oder Eisenbahnstraße hat man den Eindruck, die Häuser stehen verkehrt, mit der Hinterfront der Straße zu.« Altenburg wußte wovon er redete, denn als Kunstwissenschaftler Dr. Eduard Plietzsch, das war sein wirklicher Name, hatte er die ganze Welt bereist, und wenn man fragte, ob er mal wieder unterwegs gewesen sei, bekam man zur Antwort: »Nö, nur gestern mal in Peking.« –

Leipzigs Stadtfarben: Das Blau geht auf die Landsberger Pfähle zurück, die im Wappen auf goldenem Grund eingezeichnet sind. Warum nun gerade diese beiden Farben gewählt wurden, darüber schweigen die Heraldiker.

Im frühen Mittelalter gab es auch in der Messestadt ein Bordell. Damit alles seinen geregelten Gang ging, waren die darin tätigen Damen des ältesten Gewerbes der Welt angewiesen, aus welchen Gründen auch immer, sich in den Stadtfarben blau und gelb zu kleiden. Vielleicht hatten die Ratsherren etwas gegen Schwarzarbeit.

Als Filmemacherin wirst Du um einen Besuch des »Kaffeebaum« nicht herumkommen. Dort ist zur Dokfilmwoche ein halb offizieller und halb inoffizieller Treffpunkt aller, die irgendwie damit zu tun haben. »Zum arabischen Coffee-Baum« ist der volle Name, »Kaffeebaum« läßt sich besser sprechen und leichter merken. Im Museum existiert ein Bild, das einen blühenden Kaffeebaum in leuchtenden Farben zeigt, von Rechts wegen sollte es nicht im Magazin verstauben und im »Kaffeebaum« einen Ehrenplatz erhalten. Ab 1718 durfte der Kurfürstlich-sächsische Hofchocoladier Kaffee ausschenken. Über der Tür des altehrwürdigen Restaurants in der Kleinen Fleischergasse sitzt zu allen Zeiten ein Kaffee trinkender Türke, dem Wind und Wetter nichts ausmachen. Er ist aus Stein, und sein Schöpfer soll der berühmte Bildhauer Balthasar Permoser sein. Der beturbante Osmane sah viele Prominente das Lokal betreten: Gellert, Lessing, Schumann und Napoleon. Weil sich der kleine Korse auf einen Stuhl im »Kaffeebaum« gesetzt hat, heißt der nun halt Königsstuhl. Ob er wirklich darauf Platz nahm, wissen nicht einmal die Götter genau.

Zwischen 1833 und 1844 tagte Schumann mit seinen Davidsbündlern, und es geht die Sage, daß ganze Hefte der von ihm herausgegebenen »Neuen Zeitschrift für Musik« im »Kaffeebaum« konzipiert wurden. Es dürften nicht die trockensten Nummern gewesen sein, und farbig wurden sie nicht nur wegen des Rotspons, den man bei solchen Redaktionssitzungen genoß.

In den zwanziger Jahren unseres Jahrhunderts hatte sich ein Stammtisch mit dem schönen Namen »Eierkiste« im »Kaffeebaum« etabliert. Ihm durften höchstens eine Mandel (= 15) Mitglieder angehören. Das Obermitglied nannte man »Eierstock« und neue Mitglieder als auch besonders geistreiche Sprüche wurden mit »Ei, ei!« begrüßt. Der »Kaffeebaum«, so Hans Reimann, war immer ein Hort der Intellektuellen. Deshalb hat man heute wohl in die erste Etage das Leipziger Künstler-Café installiert, wo sich Schriftsteller und Maler, Architekten und Komponisten, Schauspieler vom Theater und Sänger von der Oper und Operette versammeln. Von der ehemals berühmten Küche ist nicht mal ein Hauch geblieben, früher gabs montags: Mastkalbshaxe, dienstags: Schweinsknochen mit Kloß und Meerrettich, mittwochs: Irish stew, donnerstags: Sauerbraten mit Thüringer Kloß, freitags: Cassler Rippchen mit Sauerkraut, sonnabends: Prager Schinken.

Wenn man heute eine Sorte Rotwein vorgesetzt bekommt, ist man schon zufrieden, und das Essen ist nur zur Messe beinahe so abwechslungsreich wie in alten Zeiten, die eben andere Zeiten waren.

Nicht gerade schön, aber seltsam ist die kleinste und niedrigste Telefonzelle der Stadt. Man findet sie auf halber Treppe. Leute, die kein eigenes Telefon besitzen, telefonieren von dort aus liebend gern mit ihren Vorgesetzten, Schriftsteller mit ihren Verlagen. Gesenkten Hauptes bitten sie um Terminverlängerung, Auflagenerhöhung, Aufstockung des Honorars ...

Zum Schluß, liebe Yvette, noch einige Sätze über den Journalistenklub, nicht, daß man ihn unbedingt gesehen haben muß, er ist zur Dokumentarfilmwoche Anlaufstelle für all Deine Kollegen von der Filmbranche. Ein distinguierter Kollege mit den Manieren eines englischen Butlers läßt ein – das ist der Klubleiter. Der Klub ist in freundlichen, warmen Brauntönen gehalten, einige wenige Bücher wirken als blaue, rote, grüne Farbtupfer. Das Essen ist passabel. Daß unsere Küche nicht gerade von Einfällen strotzt, das hast Du schon in Neubrandenburg geschmeckt. Mit der sächsischen Küche verhält es sich nur wenig anders. Ich will mal so sagen: während Deines Hierseins bekommst Du in der Hauptsache Hausmannskost. Möchtest Du einmal etwas exotisch speisen, dann hätte ich auch etwas in petto: ein vorzügliches Vietnamesisches Restaurant. Aber es gibt auch noch anderes, alles wird sich finden, ich wollte Dich nur neugierig machen. Den Rätseln und dem »Zauber« dieser alten Stadt wirst Du selbst auf die Spur kommen müssen, ich kann nur Hilfestellung geben.

Ich habe Dich hoffentlich nicht verschreckt und zu düstere Farben benutzt? Denk bitte an das alte deutsche Sprichwort: Es wird nichts so heiß gegessen, wie es gekocht wird. Das gilt im blauen Frühling genauso wie im bunten Sommer, im bräunlich-gelben Herbst und im weißen (der hier alles andere als das ist!) Winter.

Ich freue mich auf Dein Kommen.

HH

Seite 17: Warten im Regen. Im Hintergrund das Georgi-Dimitroff-Museum

Hinter der Fassade des »Königshauses« verbirgt sich eine Wendeltreppe

Passagen, Arkaden und Durchgangshöfe
sind typisch für die Messestadt, hier
ein Durchgangshof am Markt

Das Völkerschlachtdenkmal gehört allemal
ins Programm der Stadtrundfahrt

Selbst im Nebel glänzt der Zwiebelturm der Russisch-Orthodoxen Kirche

Das Denkmal für Friedrich Schiller

Im Schillerpark eine Erinnerung an den
Dichter der Aufklärung
Christian Fürchtegott Gellert

Straßencafé am Sachsenplatz

Wasserfarben in der Schillerstraße

Es scheint nicht immer die Sonne . . .

60

Die Könneritz-Brücke in Plagwitz

Informationen an der Universitätsstraße

Winter im Friedenspark

Winterliche Impressionen in Marienhöhe

So beginnt das Neue Jahr in der großen Stadt

robotron

Grabmal auf dem Südfriedhof

Gewitterstimmung über dem Kulturpark
»Clara Zetkin«

Das Neue Rathaus, Sitz der Stadtregierung

Glaskuppel über
dem Café Venus
im »Bowlingzentrum«

Eine der neuen Passagen
im Seminargebäude der Karl-Marx-Universität

Alte Häuser
am Brühl

Seite 46: Panorama mit Großmarkthalle
Seite 47: Das Teehaus am Thomaskirchhof

Seite 48: Eine weitere Übersicht,
in der Ferne erkennbar: die Russische
Kirche, die Deutsche Bücherei,
das Völkerschlachtdenkmal

2. WEITE

UND NÄHE

Liebe Rosika,

die Idee, daß ich Deine Gäste unterhalten soll, reizt mich. Ausgerechnet in Großbreitenbach im Thüringer Wald vor Leipziger Urlaubern über Leipzig zu reden, das ist nicht ohne.

Worüber könnte man sprechen? Beispielsweise über Leipzig und Literatur. Zugegeben, das ist ein weites Feld, wie es der große Fontane sagen würde, der in Leipzig als Apotheker Arzneien braute. Da wäre zu berichten von allen in der DDR produzierten Büchern, ob als Verlagsort nun Klein-Posemuckel, Berlin, Rudolstadt oder Rostock eingedruckt ist – um Leipzig macht keines einen Bogen. Das ist historisch gewachsen, jeder Verleger hatte früher in der Messestadt seinen Kommissionär, und das vereinfachte den Buchhändlern die Arbeit. Dieses System haben wir übernommen, und der Leipziger Kommissions- und Großbuchhandel arbeitet heutzutage mit Computer. Der teilt – nach entsprechender Programmierung – Bestseller und Langweiler auf die Buchhandlungen unseres Landes auf, kürzt die Bestellung von gefragten Titeln und liefert Normales normal aus.

Leipziger Verlagsgeschichten . . . Heute gibt es rund 35 Verlage, 1930 verzeichnete das »Adreßbuch des Deutschen Buchhandels« ungefähr 300, die ihren Sitz in Leipzig hatten. Da gab es einen ABC-Verlag ebenso wie einen Astra-Verlag, ein anderer nannte sich Eulen-Verlag, jener Ernst-Eulenberg-Verlag. Kennt heute noch jemand den Feuer-Verlag Lothar Joachim oder den Giordano-Bruno-Verlag? Was verlegte der Lyra-Verlag? Welchem Wissensgebiet hatte sich der Mazdaznan-Verlag verschrieben? Ein Verlag hieß »Der Neue Geist«, ein anderer Neugeist Verlag. Wie man auf den Namen Sieben-Stufen-Verlag kam, wird sich heute schwerlich feststellen lassen, wem aber die sieben zuwenig waren, der konnte noch etwas höher klettern: zum Neunzehn-Stufen-Verlag. Ob der Pierrot-Verlag nur Literatur für Colombine herausgab? Otto Wigand brachte in seinem Verlag Ludwig Feuerbachs »Wesen des Christentums« und Friedrich Engels' »Die Lage der arbeitenden Klasse in England« und druckte sogar den ersten Band des »Kapitals« von Karl Marx. Das war im 19. Jahrhundert, und da war überhaupt im Leipziger Verlagswesen allerhand los.

Wer weiß, daß die Abkürzung B. G. Teubner für Benedictus Gotthelf steht und daß die »Bibliotheca Teubneriana« seit 1850 erscheint? Daß der Brockhaus Verlag Umwege über Amsterdam und Altenburg machte, bevor er in Leipzig zu Ruhm und Ehre gelangte. Das Bibliographische Institut gründete Joseph Meyer 1826 in Gotha, 1874 kam es nach Leipzig, hatte aber noch Zweigstellen in Hildburghausen und New York. Reclams Tat war es, am 10. November 1867 die ersten Hefte einer Taschenbuchsammlung vorzustellen: Reclams Universal-Bibliothek. Leipzig ist die Heimstatt des Börsenvereins der Deutschen Buchhändler, das Börsenblatt für den Deutschen Buchhandel erscheint seit über 150 Jahren und dürfte die älteste noch bestehende Fachzeitschrift dieser Branche in der Welt sein. In den zwanziger Jahren existierte in den Mauern dieser Stadt die Vereinigung linksgerichteter Verleger. Der

Initiator Arthur Wolf vom Verlag Die Wölfe ist nicht zu verwechseln mit Kurt Wolff vom Kurt Wolff Verlag. Die Lektoren dieses Verlages hießen Walter Hasenclever, Kurt Pinthus und Franz Werfel. Sie verkehrten in der Bar des »Central-Theaters«, und hatten sie etwas zu tief ins Glas geguckt, so führten sie zur Erheiterung des Publikums kabarettistische Nummern auf: Werfel sprang in übermütiger Laune empor und schmetterte in italienisch eine Arie von Verdi, Hasenclever assistierte und Pinthus, der verdienstvolle Herausgeber der berühmten Sammlung des Expressionismus »Menschheitsdämmerung«, trank derweilen den Schampus aus.

Die 1912 gegründete Insel-Bücherei wollte »nicht mit bestehenden verdienstvollen Sammlungen in Wettbewerb treten und nicht zum hundertsten Male den Faust, den Tell, Iphigenie, Hermann und Dorothea oder Minna von Barnhelm drucken«.

Du siehst, liebe Rosika, darüber könnte man erzählen. Habe ich Dir schon meine Schweizer Leipzig-Episode berichtet? Nein. Nun gut. Ich wollte mir im Reisebüro Brissago die günstigste Zugverbindung Locarno – Leipzig geben lassen. (Brissago hat keine Bahnstation).

Leipzig? fragt das junge Mädel. Kenne ich nicht. Aber das ist die zweitgrößte Stadt der DDR, Alemania est. Die heimliche Hauptstadt füge ich in Gedanken hinzu. Sie blättert in dicken Büchern, Leipzig scheint da nicht vorzukommen. Lipsk, Lipsia helfe ich nach. Offensichtlich nie gehört. Sie holte ihren Chef. Der fand nach längerem Suchen in einem dieser dicken Bücher Leipzig/DDR und empfahl mir eine gute Verbindung über Basel und Frankfurt/Main. Der Frankfurter Bahnhof sieht dem unsrigen zum Verwechseln ähnlich.

Bis zu diesem Zeitpunkt lebte ich in dem Glauben, daß Leipzig weltberühmt sei.

In der Ferne sieht manches anders aus als in der Nähe.

Als Dank für den kleinen Nachhilfeunterricht in Geographie schenkte mir das nette weibliche Wesen einen Kofferaufkleber, der eigentlich 1 Fränkli gekostet hätte.

Nach diesem Erlebnis zweifele ich doch an einer Bemerkung Gustav Freytags, der lange in Leipzig lebte und in der »Verlorenen Handschrift« der Stadt ein Denkmal setzte. Von ihm stammt der oft zitierte Satz: »Es ist eine friedliche Stadt von stillem Frohsinn, freundlich für Fremde und aller Welt angenehm. Sie ist nicht Hauptstadt ihres Königreiches, aber es kann wohl sein, daß der gebildete Sandwichinsulaner mehr von ihr weiß, als von dem Staat, zu welchem sie gehört.«

Der gebildete Sandwichinsulaner vielleicht, verehrter Gustav Freytag, eine Reisebüroangestellte im Tessin allerdings nicht.

Anders gesagt: wer Leipzig verläßt, sollte nicht sicher sein, daß überall in der Welt der Name dieser schönen und häßlichen, alten und neuen, romantischen und ernüchternden, begeisternden und langweilenden Stadt so bekannt ist wie in unseren Gefilden. Der Name Leipzig wird bei weitem nicht in allen Ecken unserer schönen Erde mit der Inbrunst ausgesprochen, wie uns das die Werbung weismachen will.

Du bist aus Leipzig in die Ferne, nach Thüringen, gezogen. Andere kamen von weither, wurden Einwohner Leipzigs und sind von Ursachsen nicht mehr zu unterscheiden. Nimm nur Jürgen Hart, den Dichter und Sänger des Liedes »Sing, mei Sachse, sing«. Der singende Sachse stammt aus dem Vogtland.

Da könnte man beinahe eine Philosophie daraus machen, wer woanders geboren wurde und es in Leipzig zu etwas brachte: Hieronymus Lotter in Nürnberg, Johann Christoph Gottsched in Judithendorf, Christian Fürchtegott Gellert in Hainichen, Valerian Tornius in Rybinsk ...

Daß Johann Wolfgang Goethe kein gebürtiger Leipziger ist, weiß jedes Schulkind, das auch seinen berühmten Ausspruch »Mein Leipzig lob ich mir, es ist ein klein Paris ...« kennt. Diesen Satz legte Goethe einem zechenden Studenten in den Mund. Meinte er nun: Kinder und Betrunkene sagen die Wahrheit oder wollte er das ironisch verstanden wissen? Die Bezeichnung Klein-Paris ist keine Erfindung Goethes, so wird der Ort schon 1768 im »Galanten Leipzig« genannt.

Mir schmeckt es gar nicht, daß dieser Spruch heute immer und überall angewandt wird, selbst vor einer Leuchtreklame auf einem Neubau schreckte man nicht zurück. Wird da nicht ein bißchen Schindluder mit Goethe getrieben?

Johann Gottfried Seume wurde in Poserna bei Weißenfels geboren und starb im böhmischen Teplitz, in Leipzig studierte er Theologie, nach unfreiwilligem Soldatendasein in England und Amerika kam er als Sprachlehrer nach Leipzig, später arbeitete er als Lektor und Korrektor in Göschens Druckerei in Grimma, und wenn es ihm mal danach war, so ging er zu Fuß am Abend ins Leipziger Theater und zurück. Er war ja der Mann, der nach Syrakus spazierenging und darüber Briefe an einen Freund schrieb. Auf seinen Wanderungen in das nahe Leipzig und das ferne Syrakus dichtete er. »Wo man singet, laß dich ruhig nieder« ist heute ein geflügeltes Wort und stammt von Seume.

Seume reiste zu Fuß, Ringelnatz war als Mariner unterwegs. Das sei kein Leipziger? Nun, nicht ganz, Wurzen stand als Geburtsort in seinem Paß. Seine Kindheit verbrachte er in Leipzig. Sein Vierzeiler über den »sächsischen Dialekt« sagt mir immer aufs neue zu:

Wenn man den sächsischen Dialekt
Ein bißchen dehnt und ein bißchen streckt,
Und man spricht ihn noch ein bißchen tran'ger,
Dann hält einen jeder für einen Spanier!

In Leipzig feierte er Erfolge als »reisender Artist«. Ich fand eine merkwürdige Rezension von Hans Bauer: »Die ›Blumensäle‹ drucken diesmal Joachim Ringelnatz fett. Mit Recht. Obwohl dieser Joachim Ringelnatz einen Vortrag wie eine alte Scheuerfrau hat und eine sagenhafte Bühnenunbeholfenheit. Aber er ist eine Persönlichkeit. Und was für eine! Also ein Kerl sage ich Euch: Einen Kopp kleiner als ich. In Matrosenuniform. Mit Tätowierungen auf der Brust. Und dem Porter-Glas in der Hand. Aus dem säuft er während der Vorstellung. Aber nicht aus Mache. Der säuft ehrlich. Weil er sich vom Glase nicht trennen kann. ... Was die Persönlichkeit ausmacht? Daß dieser seltsame Seemann wirklich ein Dichter ist, ein Dichter, dessen furchtbar schöne Sachen man auf der Zunge zergehen lassen muß.«

Wie Ringelnatz diese Kritik aufnahm? Darüber konnte ich nichts erfahren. Sie stand im »Drachen«, und den Drachenleuten, so nannten sie sich selbst, war er bis zum Eingehen der satirischen Zeitschrift verbunden.

Leipzig und eine satirische Zeitschrift? Gab es. Nicht nur eine. Schon im vorigen Jahrhundert erschienen die »Leipziger Locomotive« mit dem Beiblatt »Waggon« (1843–1848), die »Leipziger Lerchen« (1849), die »Deutsche Reichsbremse« (1849–1850) und das »Leipziger Reibeisen« (1850). Im »Reibeisen« stand das Leipziger Barrikadenlied

Mer wollen keenen Bärgerkrieg,
mer sind ja alle eenig.
Bei uns da heeßts: Tod oder Sieg!
Mir schweeren uff die Republieg
Und unsern guten Keenig.

Das Spießerlied traf natürlich nicht auf alle Leipziger zu. Wäre sonst 1863 der Allgemeine Deutsche Arbeiterverein unter entscheidender Mitwirkung von Ferdinand Lassalle in Leipzig gegründet worden?

Aber ich schweife ab, obwohl es da etliches zu berichten gäbe. Zurück zu satirischen Presseerzeugnissen.

In unserem Jahrhundert weiß ich von »Der Pille« und der »Grosskusche« (beide 1919), dem »Glossarium« (1921), dem »Drachen« (1919–1925), der »Kleinen Lampe« (1922), dem »Leipziger Allerlei« (1926), dem »Panoptikum« (1928), der »Laterne. Mit der Beilaache fier heimadliche Belange: De Funzel« (1931) und dem »Lachenden Groschen« (1932). Hast Du gemerkt, daß die »Funzel« keine Berliner Erfindung ist? Jaja, wir Sachsen sind helle und die Berliner versuchen das eben nachzumachen.

Den Ursachsen Hans Reimann wollen wir schnell mal in Nahaufnahme betrachten. Der Kohlenhändlersohn aus dem Leipziger Süden war ausgebildet als Zeichner, doch er lebte sein Leben als Conferencier, Kabarettist, Schriftsteller und Gründer. Obwohl die Gründerjahre schon Vergangenheit waren. Außer dem »Drachen« verdanken ihm in Leipzig das Kabarett »Retorte« und in Frankfurt am Main die Zeitschrift »Das Stachelschwein« ihre Existenz. Gestorben ist er 1969 ferne von der Pleiße, an der Elbe – in Hamburg.

Zwei Kostproben aus seiner »Sächsischen Nationalhymne« will ich Dir geben:

O Sachsenland, du Lehmanns-Quatsch mit Sauce!
Die Träne quillt, und das Gemiet wird warm.
Ich bin ä Sachse. Kennt Ihr meine Farm?
Nich grien und weiß, – nee: gelb wie Märzengose . . .
O Heimatland, du kuriose Chose!

In Leipzig liebte Goethe Schönkopfs Käthe,
Und Schiller hat in Kohlis Feez gemacht.
Gedicht wird an der Rietzschke, daß es kracht.
Wenn Pleiß-Athen am Ganges liegen täte,
Dann gäbs ein ganzes Schock Rabindranäthe.

Eine putzige Nudel, der Reimann. Die größten Erfolge als Kabarettist feierte er – wo? In Frankfurt/Main, München, Berlin. Wahrscheinlich weil überall in der großen weiten Welt Sachsen lebten.

»Der Drache«, den 1921 Hans Bauer übernahm, hatte es sich zum Ziel gesetzt, den »Spießer« zu attackieren. Fleißigster Mitarbeiter war H. R., so Reimanns Kürzel, der aber auch zahlreiche Schriftsteller und Journalisten zur Mitarbeit heranzog, deren Wiege fernab von Pleiß-Athen stand.

Das Pseudonym Dr. Drache verwandte Hans Natonek, der als Enkel eines Prager Rabbiners das Licht der Welt erblickte und seit 1917 hier zu Hause war. Wer Genaues über das literarische Leben im Leipzig der zwanziger und dreißiger Jahre wissen will, der orientiere sich bei Natonek. 1932 bekam er für seine publizistischen und literarischen Arbeiten den Kunstpreis der Stadt Leipzig, 1933 wurden seine Bücher auf den Scheiterhaufen geworfen. Er, der gerade in Leipzig heimisch geworden war und sich wohlzufühlen begann, mußte den Weg ins Exil gehen: zuerst in die Schweiz, kurzzeitige Rückkehr nach Deutschland, Flucht in die Tschechoslowakei, von dort mit dem Flugzeug nach Frankreich, von hier zu Fuß über die Pyrenäen nach Portugal und schließlich per Schiff in die USA. Auf dem fernen Kontinent starb der Mann des Jahrgangs 1892 vereinsamt und vergessen 1963. In einem autobiographischen Buch, das nur in den USA erschien, faßte er sein Leben in Leipzig vor 1933 zusammen: »Ich bin 5 feet 7 inch groß, 140 Pfund schwer und ein 200-Dollar-die-Woche-Schriftsteller. Ich veröffentlichte ca. 80000 Worte fiction und schrieb täglich eine column von 300 Worten für eine Zeitung. Macht pro Jahr 1 Million Worte. Ich hatte eine Frau, zwei Kinder, ein Fünf-Zimmer-Apartment, eine Bibliothek von 2000 Bänden – ist alles bei Hitler geblieben.«

Dieses Fünf-Zimmer-Apartment befand sich in der Brandvorwerkstraße 79 – Natonek sollte es nie wieder sehen. Er nahm 1940 »Abschied von Europa«, und »sein bisheriges Leben versank unwirklich in der Ferne« – schrieb er selbst.

Die »column« schrieb er für die »Neue Leipziger Zeitung«, bei der er Feuilletonchef war.

Er förderte Bruno Apitz, Erich Kästner, Lene Voigt und andere. Den ersten Apitz-Texten setzte er den Spruch voran, daß sich ein außergewöhnliches Talent offenbare und man Großes erwarten dürfe. Das war 1920.

Erich Kästner brachte seine Gedichte, nein, nicht zur »Neuen Leipziger Zeitung«, das kam später, die lieferte er beim »Drachen« ab. Er bat, ein Pseudonym zu verwenden. Fortan publizierte ein gewisser Peter Flint Zeitgedichte mit eigenem Ton in Leipzigs Satiricon Nr. 1.

Natonek machte den jungen Dr. E. K. erst zu seinem Adlatus und schließlich zum zweiten Feuilletonredakteur. Das bessere Salär ermöglichte Kästner ein neues Heim und mit einem lachenden und einem weinenden Auge verließ er die Artistenpension in Czermaks Garten. Noch aber blieb er in Leipzig und vielleicht – wer will es wissen? – wäre er für immer in unserer Stadt geblieben. Aber da gab es das »schmissige« »Abendlied eines Kammervirtuosen«, das, versehen mit einer nicht ganz jugendfreien Zeichnung von Erich Ohser, dem späteren e. o. plauen, in der »Plauener Volkszeitung« erschien. Es begann »Du meine Neunte, letzte Symphonie! Wenn du das Hemd anhast mit rosa Streifen. Komm wie ein Cello zwischen meine Knie und laß mich zart in deine Seiten greifen.«

Pech für Kästner und Leipzig, daß das im Gedenkjahr an Beethovens 100. Todestag geschah. Ein reaktionäres Blatt nahm es als Vorwand für eine Attacke gegen den aufmüpfigen Kästner – obwohl in Plauen und weit weg von Leipzig erschienen, wurde der junge und hoffnungsvolle Redakteur fristlos entlassen. Es war, so Kästner, ein Schlag ins Kontor, der sich als Glückstreffer erweisen sollte. Er ging nach Berlin und schaute sich die Pleißenstadt künftig lieber aus der Ferne an. In Leipzig war man ihm zu nahe getreten.

Lene Voigt, die auch im »Drachen« publizierte, dankte ihrem Förderer öffentlich. In den ersten Band ihrer »Säk'schen Glassiger« ließ sie eindrucken: Hans Natonek gewidmet.

Ist Dir, liebe Rosika, Fritz Oskar Hampel oder Slang ein Begriff? Seine Wiege stand in Crimmitschau, in Leipzigs Mauern wurde er zum Schriftsteller. Er schrieb erregend genau beobachtete Szenen aus dem sächsischen Alltag, die treffend die Mentalität unserer lieben Leipziger widerspiegeln. Eine davon heißt »Das Willkomm« und schildert den Empfang eines Messegastes durch den Vermieter. Was ist da nicht alles drin: die Neugier auf Fremde und Fremdes, der plötzlich weltmännisch werdende Leipziger, die Gastfreundschaft und nicht zuletzt das Bestreben, an der Messe und am Messegast ein bißchen mitzuverdienen.

1924 zog Hampel nach Berlin, bediente sich des Pseudonyms Slang und schrieb in der »Roten Fahne« und vielen anderen linken Zeitungen und Zeitschriften. Leipzig hielt er die Treue. Über den »Leipziger Schutzmann« hat er schon 1921 zu Papier gebracht:

> *»Der Verkehr hält den Schutzmann aufrecht. Wenn die Straßen leer sind, möchte er am liebsten die Polizei zu Hilfe rufen.*
>
> *Ein Schutzmann, der keine Verkehrsstockung hervorrufen kann, hat seinen Beruf verfehlt.*
>
> *Die Schutzleute gehen, um zu stehen. Und wenn sie stehen, überlegen sie sich, ob sie weiter stehen oder weitergehen sollen.*
>
> *Der einzelne fürchtet sich vor der Menge. Zu zweit sind sie obenauf, weil sie unter sich sind. Dann schreiten sie wie gütige Fürsten die Front der Passanten ab.*
>
> *Die den Hauptbahnhof Tag und Nacht kontrollierenden Geheimpolizisten fallen jedem dadurch auf, daß sie keine Uniform tragen.«*

1922 wurden Bauer, Hampel und Reimann mal von einem solchen nachts mit auf die Wache genommen, weil sie zwielichtig wirkten.

Der hochbegabte Fritz Hampel-Slang konnte sein Talent nicht ausreifen lassen. Er starb mit 37 Jahren beim Baden in der Ostsee durch Herzversagen.

Die Rede zu seiner Beerdigung hielt Weinert, der Hampel seit 1921 kannte.

Der junge Zeichenlehrer Erich Weinert hatte sich von Magdeburg aus aufgemacht, die Welt zu erobern. Wo begann er? In Leipzig, da hier bekanntlich die Welt in einer Nußschale sein soll.

In der »Retorte« avancierte er schnell zum Star. Kabaretts hatte Leipzig damals mehrere: den »Bauch«, die »Litfaßsäule«, und dann gab es noch ein Mittelding zwischen Kabarett und Disputierklub, die »Katakombe« in der Brandvorwerkstraße. »Die ›Katakombe‹ sah Diskussionsnächte, in denen die Gehirne bis früh 7 Uhr hörbar knisterten, und überaus nasse

Stunden«, schrieb ein Mitbegründer. Ringelnatz bedichtete sie und stellte fest, daß es herrlich roch: wie Whisky und Gespenster.

Weinert wurde von den Leipzigern gefeiert. Später allerdings hat er dieses Kapitel aus seiner Biographie nicht mehr so gern zur Kenntnis genommen und behauptet, daß seine damals entstandenen Gedichte in der Schublade geblieben seien. Irrtum – die druckte der »Drache«.

Ob Weinert nach der Vorstellung in der »Retorte«, sie hatte ihr Domizil in der Pfaffendorfer Straße (heute Dr.-Kurt-Fischer-Straße), mal einen Spaziergang ins Rosental machte?

Mir ist kein Weinert-Gedicht über das Rosental bekannt, aber wer hat es nicht alles besungen: Heinrich Mühlpforth, Paul Fleming, Johann Christian Günther, Johann Gottfried Seume, Goethe, Edwin Bormann, Georg Bötticher (der Vater von Ringelnatz), Lene Voigt, Georg Maurer, Reinhard Bernhof.

Leipzig in der Literatur, so stellte Julius Zeitler schon 1914 fest, das ist »das unvergängliche, immer wieder neu besungene Rosental, die Pleißenaue zu allen Jahreszeiten, die Viertel, wo die Druckmaschinen dröhnen, die alten Gassen mit den hohen Giebeln der Kaufmannshäuser, die verräucherten romantischen Läden, die stillen Patrizierstraßen mit den Biedermeiervillen, Theater, Gewandhaus, Kneipen, die Alte Börse, das Rathaus, die Motette – alles hat seine dichterische Verklärung und Beseelung gefunden und immer neue Dichter bringen noch Unentdecktes zum Klingen und Leuchten, und erobern den Stadtkoloß immer mehr der neuen Literatur.«

Stadtkoloß Leipzig ... Ich schrieb doch vom Tessin. Bevor ich hinfuhr, sagte man mir, daß ich unbedingt einen Mann namens Jochen Huth besuchen solle. Er lebt mit seiner Frau in Minusio, einem Vorort von Locarno. Jedenfalls komme ich nach Anmeldung zu Huths, er fragt, wie er mir nützlich sein könne und wieso ich im Tessin bin. Mitten im Gespräch, wie der berühmte Blitz aus heiterem Himmel, flicht er die Frage ein: »Sachen Sie mal, lieber Schütte, wolln mr nich säggsch reden?«

Da saß ich einem gebürtigen Leipziger gegenüber, der als Drehbuchautor bis 1938 bei der Ufa gearbeitet hat und von dem auch das Leipziger Theater in den zwanziger Jahren ein Stück aufführte. Der einzige Ufa-Film mit Ingrid Bergman »Die vier Gesellen« stammt von ihm. Danach emigrierte er mit seiner jüdischen Frau, er hatte ein Ausreise-, sie ein Touristenvisum in der Tasche. In London trafen sich die Eheleute wieder, später zog man in die USA und nun leben Huths, mit US-amerikanischem Paß, in der Schweiz.

Wir haben lange über Leipzig gesprochen. Was wollte er nicht alles wissen: schwingen die Glockenmänner auf dem Kroch-Hochhaus noch ihre Hämmer? Wo hat das Neue Gewandhaus – es war noch im Bau – seinen Platz? Wie sieht das Musikviertel heute aus? Welches Gebäude auf dem Karl-Marx-Platz überragt alles? Gibt es noch Gose? Ist das Dachcafé auf dem Europa-Hochhaus (heute Sitz der Versicherung) noch in Betrieb? Existiert noch das Königin-Luise-Haus neben dem Völkerschlachtdenkmal, wo nur Alkoholfreies ausgeschenkt wurde? Ist das Schillerhaus in der Menckestraße vom Zahn der Zeit angenagt? In welchem Zustand ist das Gohliser Schlößchen? Kann die Deutsche Bücherei jedermann benutzen? Wo ist das Internat der Thomaner? Wer ist heute Thomaskantor? Gibt es noch Motetten in der Thomaskirche? – Der das alles wissen wollte, war ein ehemaliger Thomaner.

Glaub mir, liebe Rosika, ich hatte in der Fremde meine Schwierigkeiten. Erst nach meiner Rückkehr konnte ich vieles wahrheitsgetreu und detailliert berichten. Außerdem schickte ich einige Bücher, in denen Leipzig eine Rolle spielt, in die Schweiz.

Mir ging das Interesse dieses alten Leipzigers an seiner Geburtsstadt nahe.

Gern hätte ich einen schönen, harmonischen Schluß für diesen Brief, etwa der Art, daß Huths nunmehr Leipzig besucht haben und Gefallen an der Stadt fanden.

»Wissen Sie«, sagte mir der Leipziger mit dem US-Paß in der Schweiz, »ich freue mich auch deshalb über unsere Begegnung, weil ich das Wiedersehen mit Leipzig fürchte.«

Das spricht, bedenke ich es genau, nicht gegen Leipzig.

Darüber und noch über anderes könnte man reden, wenn man das Thema Leipzig und Literatur wählt. Aber bitte: das ist nicht der Weisheit letzter Schluß, man kann bei diesem Thema auch über etwas ganz, ganz anderes sprechen. Das Institut für Literatur »Johannes R. Becher«, die kleinste Hochschule Leipzigs. Beispielsweise. Über Goethe, Herloßsohn, E. T. A. Hoffmann, Jean Paul, Grabbe, Christian Felix Weiße.

Es ist ein weites Feld. Fontane.

Seite 57: Industriebauten aus der Gründerzeit in Plagwitz

Oben im »Merkur«, die Hotelbar, »Club 27«

Alltagsbetrieb in der Ernst-Thälmann-Straße

Es werde Licht!

Wieder aufgelebt ist die Tradition der Giebelmalerei: »Meilenlauf« in der Rudolf-Breitscheid-Straße

Die Kleingartenanlage »Am Scherbelberg«

Nördlicher Verkehrsknotenpunkt: Ecke Georg-Schumann/Lindenthaler Straße

Mit Phantasie und guter Laune: dies Spiel spielen Kinder nicht nur in Leipzig

Seiten 66/67: Gelegenheit, Pferderennen beizuwohnen bietet die Rennbahn im Scheibenholz

Detail des Brunnens auf dem Sachsenplatz

Die Grünanlagen vor dem Messehaus
am Markt

Auf dem Kulkwitzer See

Neubaugebiet Grünau

Seite 72: Herbst in der Landsberger Straße
Seite 73: In der Kolonnadenstraße

Die Petersstraße – von hinten

Oben: Hauszeichen in der Nikolaistraße
Unten: Schmuckrelief in der Hainstraße

Oben: Von Goethe geliebt: Käthchen Schönkopf. Relief am Goethe-Denkmal auf dem Naschmarkt

Jugendstilfassade an einem Haus in der Philipp-Müller-Straße

Es ist kühl auf dem Naschmarkt: Goethe im Mittelpunkt, hinter ihm die Alte Börse, links das Alte Rathaus

Der Johanna-Park mit der Lutherkirche

Kreuzung am Adler

Herausragendes: Schornstein des Dimitroff-Kraftwerkes, Hotel »Merkur«, Thomaskirche, Hochhaus Wintergartenstraße, Neues Rathaus, Universitätshochhaus

Seite 82: Verliebte sind immer allein, auch im Fußgängertunnel zum Hauptbahnhof
Seite 83: Wie die Kamera Geschwindigkeit vortäuschen kann und Farbigkeit verstärkt

Seite 84: Der Platz der Republik, wie ihn abends die Bewohner des Hochhauses Wintergartenstraße erleben

3. FARBEN UND

STRUKTUREN

Liebe Jana,

mit Freude höre ich, daß es Dich wieder nach Leipzig zieht, denn die Bildhauer veranstalten hier demnächst eine weitere internationale Freiluftwoche (– sie nennen es Pleinair).

Du weißt doch, sobald Dein Name fällt, frage ich aufs neue: Wie konnte ein so zartes Wesen Bildhauerin werden? Wer Dich sieht, würde eher eine Keramikerin in Dir vermuten, die sich mit kleinen, bunten Figürchen ihr Brot verdient. Aber mir ist sehr wohl klar, daß Beruf auch Berufung sein kann. Die liegende Frau, die Du vor zwei Jahren hier aus dem Felsklotz herausgezaubert hast, steht mittlerweile im Lessing-Park. Du kannst Dich überzeugen, daß Deine steinerne Schöne gut zur Geltung kommt.

Unsere Parks sind in der schlechten Luft des Leipziger Tieflands, die schon der Student Goethe monierte, nötiger als sonstwo. Glücklicherweise ließen unsere Vorfahren außerdem noch eine Menge Bäume wachsen. Der Auenwald – so die korrekte Bezeichnung – bildet einen längeren grünen Gürtel, der sich über 25 km erstreckt und ungefähr 2 km breit ist. Er reicht vom Süden bis zum Nordwesten der Stadt. Im nördlichen Auenwald könntest Du, wenn Du Lust hast, das höchste Glück genießen, das angeblich auf dem Rücken der Pferde zu finden sein soll. Mit anderen Worten: dort ist eine Reiterklause, eine Art Stützpunkt, und niemand wundert sich mehr, wenn junge Mädchen hoch zu Roß durch den Auenwald traben.

Als Du letztens in Leipzig warst, sollte ich einen Artikel über Eure Bildhauerei schreiben. Gern verschmerze ich inzwischen, daß nichts daraus wurde, lernte ich doch die zarte und energische Jana aus der schönen Tschechoslowakei kennen. Wie hast Du von Deiner Heimatstadt Tanvald und dem Riesengebirge geschwärmt.

Damals hatten wir beide wenig Zeit, füreinander und für Leipzig. Das soll diesmal anders werden. Ich möchte Dir mehr von diesem Unikum zeigen.

Farben und Strukturen. Ich möchte Dich auf einige kleine Geheimnisse dieser Stadt aufmerksam machen, Dir etwas über ihren Charakter, über dasjenige, was man gemeinhin das Unverwechselbare nennt, erzählen; erwarte bitte nicht nur die hellen, freundlichen Farben, nicht nur die Schokoladenseite.

Entsinnst Du Dich noch des kleinen Andenkens, das Du in dem ulkigen Laden unter den Arkaden des Alten Rathauses gekauft hast? Leider wolltest Du es partout nicht geschenkt. Diesmal habe ich vorgebeugt und bereits ein »Souvenir« für Dich gekauft. Was es ist, bleibt vorläufig mein Geheimnis.

Der Marktplatz mit seiner Weitläufigkeit und den ihn umrahmenden Gebäuden aus verschiedenen Epochen gefiel Deinem Künstlersinn. Damals haben wir beide, ohne es zu ahnen, unser Leipziger Wappen mit Füßen getreten. Im wahrsten Sinne des Wortes. Es liegt nämlich mitten auf dem Platz, wenn Du so willst, in der Mitte des Marktes. Andersfarbige Pflastersteine wurden dazu verwendet – ein Mosaik aus grauen, weißen und blauen Steinen.

Oja, unsere Altvorderen wußten Eindruck zu machen.

Wer auf die Idee gekommen ist, das Stadtwappen genau ins Zentrum eines solchen Areals zu setzen, darüber schweigen die Quellen. Aber originell und vermutlich auch selten ist es, das Wappenbild der Stadt auf dem Boden ...

Der allerdings ist blutgetränkt. Just an dieser Stelle wurde im Jahre 1527 der Drucker und Buchhändler Hans Hergot mit dem Schwert gerichtet. Sein Verbrechen bestand darin, ein Buch gedruckt und verbreitet zu haben, welches die Vision einer klassenlosen Gesellschaft enthielt. Er war seiner Zeit um ein halbes Jahrtausend voraus.

Auf diesem Markt wurde auch Wozzeck oder Woyzeck, der durch Büchners Drama Berühmtheit erlangte, gehenkt. Das »Spektakel« geschah 1824 und seitdem hat man niemand mehr öffentlich hingerichtet – in Leipzig.

Beim Stichwort Spektakel fällt mir ein, daß ich Dir von dem alljährlichen Markt-Spectaculum erzählen sollte. Wenn die Stadtpfeifer pfeifen, Zwitscher-Jule zwitschert und Hermann Connewitzer als sogenannter Mundwerktätiger arbeitet. Druckerlehrlinge werden mit dem alten Brauch des Gautschens zum Gesellen ernannt, Artisten vollführen Tricks auf dem Drahtseil, selbst ein Leierkasten fehlt dabei nicht – ein buntes, farbenfrohes Bild bietet sich den drängenden Schaulustigen.

Früher fanden hier regelmäßig Wochenmärkte statt. Die schöne Tradition lebt allmählich wieder auf. Die Losung »Vom Erzeuger direkt zum Verbraucher« ist jedoch keineswegs eine Erfindung unserer Tage.

Verkaufsbuden und Stände mit diversen Angeboten für Auge, Gaumen und manchmal auch Ohr, von zarten Pastell- bis kräftigen Plakatfarben reicht die Palette, kandierte grüne und rote Äpfel, das Rot und Weiß des Weihnachtsmanns und das Grün der hohen Tanne, die meistens eine Fichte ist, sind einige der Kennzeichen des Weihnachtsmarktes, zu dem auch ein »Rummel« gehört. Das dauert aber nie bis Weihnachten, sondern der Markt schließt seine Pforten bereits eine Woche eher. Dann sind die Händler, nehme ich an, aus den roten Zahlen und haben ihre Umsatzpläne erfüllt und übererfüllt, sprich: sie haben sich die goldenen Nasen verdient.

In der wärmenden Herbstsonne, die vieles goldgelb erscheinen läßt, finden noch zwei Märkte statt, auf dem einen werden Töpfe und Gebäck, Steingut und Bratwürste, Bekleidung und Schaschlik feilgeboten: Leipziger Markttage!

Planwagen, eine alte Postkutsche, die Post befördert – eine Sensation für Philatelisten –, weiße Stühle vor den Buden, in denen Kaffee, Schnaps und Glühwein ausgeschenkt wird; grüne, gelbe, blaue, rote Wimpel und Fahnenketten geben dem Ganzen einen heiteren Anstrich. Handel, Handwerk und Industrie aus allen Ecken des Bezirkes Leipzig bieten ihre Waren und anderes, das sie dafür ausgeben, an und die Eingeborenen, seit jeher kauffreudig, erscheinen in Massen.

Der andere Markt findet an einem Sonnabend im September statt, und da kommen all die Farben – zum Teil sehr neuartige – ins Bild, über die Buchgestalter verfügen. Es ist Buchmarkt.

Die Leipziger Verlage haben eigene Stände aufgebaut, die Schriftsteller, solche, die von weither kamen und solche, die als »Lokalmatadoren« Berühmtheit genießen, sind entweder am Stand des Verlages oder sie sitzen in Reih und Glied nebeneinander. Das wechselt jährlich, weil sich die Buchhändler noch nicht so völlig über diese »Struktur« des Buchmarktes einig sind. Einmal stehen die Stände in der Mitte des Platzes, ein andermal sind sie Y-förmig angeordnet, ein drittes Mal ergeben sie ein überdimensionales T. Das letzte Wort ist nicht gesprochen.

Aber der Lesehunger ist nach wie vor außergewöhnlich stark. Viele erwarten von einem Buchmarkt Besonderheiten, beliebte Bücher von großformatigen Bildbänden bis zu den modernen Mini-Büchern.

Einmal geschah es, daß ein Stadtrat für Kultur, der für den Markt, wie man so sagt, den Hut aufhat, sein Redemanuskript vergeblich aus der Tasche holte. Der Buchmarkt sollte Punkt 10 Uhr feierlich eröffnet werden. Du kennst das, liebe Jana, von Ausstellungseröffnungen, neudeutsch Vernissagen geheißen, da werden feierliche Ansprachen gehalten, silbern glänzt die Schere, und im Zeitlupentempo wird ein rotes Band zerteilt. So war es tatsächlich geplant.

Der Stadtrat trat kurz vor zehn Uhr auf die Balustrade des Alten Rathauses und wartete den zehnten Glockenschlag ab: »Liebe Leipziger Buchfreunde ...«, das war alles, was er sagen konnte. Die Leute hatten im ersten Ansturm den Markt erobert, jeder Widerstand wäre albern gewesen. Was den Redner veranlaßte, den strömenden Massen wenigstens noch den Satz hinunterzurufen und hinterher: »Der Buchmarkt ist eröffnet!« Der Stadtrat soll es mit Humor getragen haben, daß er seine Rede nicht vorlesen konnte.

Buchhändler und Verlage sammeln das ganze Jahr für diese Veranstaltung, damit das Angebot in jeder Hinsicht farbig sein kann. Einmal hatte ein Verlag die Unvorsichtigkeit besessen, ein wirklich rares Buch zu stapeln. Es handelte sich, erinnere ich mich recht, um das Werk eines tschechischen Schriftstellers. Der Andrang, die Kauflust und das Gerangel waren schließlich so groß, daß der Tisch mit Getöse in zwei Teile zerbrach.

Der Markt mit den vielen Büchern hat eine belebende Wirkung auf Buchhändler und Käufer. Frühmorgens kommen die fleißigen Buchhändlerinnen und Buchhändler, die bereits um 4 Uhr ihr Tagewerk beginnen, mürrisch und stöhnend. Am Abend des langen Tages freuen sich alle, daß es so gut gelaufen ist. Die Kunden erscheinen blaß und verlassen nach intensiver Kundschaftertätigkeit mit hochrotem Kopf und mehr oder weniger reich bepackt das Leipziger Zentrum.

An diesem Markt nehmen auch die Studenten der Hochschule für Grafik und Buchkunst teil. Unter den Arkaden hängen ihre Arbeiten: Linol- und Holzschnitte, Aquarelle, ein- und mehrfarbige Plakate und vieles andere aus ihrer Künstlerwerkstatt.

Die Arkaden sind eine Besonderheit des Rathauses, des Alten Rathauses genauer. Leipzig hat nämlich auch noch ein Neues Rathaus, in dem sich die Verwaltung und was dazu gehört, befindet. Im Alten Rathaus logiert das Stadtgeschichtliche Museum, wo es viel über das Leipzig von gestern, heute und auch morgen zu sehen gibt. Die Ratsstube soll Leipzigs schönster historischer Raum sein. Der große Festsaal dient als Veranstaltungsort für Konzerte. In einem solchen Konzert hat man Muße, die Porträts ehemaliger Leipziger Stadtrichter zu studieren und über ihre Tätigkeit zu sinnieren.

Das Alte Rathaus schließt den Markt nach Osten ab. 10000 Quadratmeter Marktplatz: wenn man bedenkt, mit welcher Weitsicht er angelegt wurde, so kann man vor den alten Leipzigern nur den Hut ziehen. Das ist eine Struktur, die man über Jahrhunderte nicht zu verändern brauchte. Es scheint, als ob sie die Entwicklung der Stadt vorausgeahnt hätten.

Jeder Tourist, dem man erzählt, das Alte Rathaus sei in nur neun Monaten erbaut, schaut einen ungläubig an. Aber es ist die reine Wahrheit. 1556 baute der Bürgermeister Hieronymus Lotter zwischen zwei Messen das architektonische Kleinod mit dem reizvollen Satteldach, den abge-

treppten Giebeln und dem sehenswerten Turm – viereckiges Unter-, achteckiges Oberteil – mit der Rathausuhr.

Hier schlägt Leipzigs Stunde. Es gibt drei Zifferblätter, an der Nord-, Süd- und Westseite je eins. Die Zeiger blinken golden im Sonnenschein und der Untergrund ist in freundlichem Blau gehalten. Verschiedene Wappen und der Leipziger Leu sind Ruhepunkte auf dem Uhrenbild. Um die Uhr herum sind, man muß genau hinsehen, winzige Fenster angeordnet.

Um 1900 beschrieb der Leipziger Dichter Edwin Bormann, eigentlich ein Dialektpoet, das Innenleben der Uhr. Damals brauchte man auch noch einen Wächter für Leipzigs Chronometer Nr. 1.

»Nach acht Seiten vermochte der Wächter durch die kleinen quadratischen Fenster Ausguck zu halten. Übrigens muß man dem Manne noch nachträglich einen gesunden Schlaf wünschen, denn das Geräusch, das das Niederfallen der schweren Gewichte, die das Schlagwerk in Tätigkeit setzen, verursacht, ist ein diabolisches. Wer es hier, zwischen Uhrwerk und Schlagglocke stehend, zum ersten Mal vernimmt, zuckt unwillkürlich zusammen, und der Boden bebt dabei unter seinen Füßen.«

Keine Sorge, liebe Jana, auf dem Markt spürst Du davon nichts – da hörst Du nur die Glockenschläge. Der Wächter ist durch moderne Technik ersetzt, die dafür Sorge trägt, daß Leipzigs Stunde auf die Sekunde genau schlägt.

Das gelbe Rathaus mit der ringsum laufenden goldenen Schrift, dem grünen Kupferdach und dem lachenden blauen (Uhren-)Auge stimmt freundlich – mich jedenfalls. Ich hoffe, es geht Dir ähnlich und Du wirst Dich mit mir über das älteste, nein, korrekter, über eines der ältesten und schönsten deutschen Renaissance-Rathäuser freuen.

»Das forcierte Bautempo,« heißt es im Stadtführer, »hat dem Werk nicht gut getan, und schon 1672 mußte es vollständig restauriert werden.«

Von 1556 bis 1672, das sind 116 Jahre.

Mir wäre wohler, wenn ich wüßte, daß unsere heutigen Bauten so lange ohne Zwischenreparatur überstehen. Oder verlange ich zuviel?

Wenn Du übrigens der Zeit auf der Rathaus-Uhr nicht trauen solltest, so schau bitte zur Marktnordseite. Auf dem äußeren Haus mit dem schönen Staffelgiebel findest Du eine Uhr, die nur die heit'ren Stunden zeigt. Das Haus heißt Alte Waage. Die Sonnenuhr »geht« allerdings nur in der Wintersonne richtig – wer hätte vor Jahrhunderten auch mit der Mitteleuropäischen Sommerzeit gerechnet?

Die Giebelfront der Marktnordseite verfügt über eine ästhetisch schöne Struktur, die Silhouette ist beeindruckend, und man schaut zu allen Tageszeiten gern hin. Auch die Alte Waage stammt von Hieronymus Lotter. Gewogen und zu leicht befunden wird heute nichts mehr. Im 16. Jahrhundert hatte das Wiegen nur einen Zweck: Abgaben zu erhalten. (Vergiß nicht, daß wir in Leipzig sind.) Zur Ostermesse 1791 wog man mit der Leipziger Stadtwaage rund 52 000 Zentner (Fässer und Ballen) und konnte damit das Stadtsäckel um rund 6000 Taler auffüllen.

Im Keller der Alten Waage, in der Ratsweinschänke, konnten die Fuhrunternehmer und Händler gleich ihren Ärger über die hohe Abgabe hinunterspülen. Im Erdgeschoß befand sich erst das Waageamt und später – von 1661 bis 1712 – auch mal eine Post. Heute hat das Reisebüro der DDR seinen Sitz darin.

Auf der Westseite des Marktplatzes steht ein neues »Mehrzweck«-Gebäude in den Farben und Strukturen unserer Zeit: das Leipziger Messeamt.

Nach Süden schließen das Königshaus und das Messehaus am Markt den Platz ab. Die Angleichung der Dächer zwischen Königshaus, einem historischen Bau, und dem 1963 erbauten Messehaus ist den Architekten gelungen. Im Frühjahr jeden Jahres findet in diesem wohlgeordneten, aber sagenhaft schlecht belüfteten Haus die Buchmesse statt. Dann strömen die Buchfreunde, Händler und Diebe in Scharen hierher, um sich mit den Neuigkeiten bekannt zu machen.

Das Königshaus deshalb: »Köniche un Ferschten« haben dort gewohnt, würden die Leipziger sagen: Peter der Große, August der Starke, Fürst Schwarzenberg, Napoleon Bonaparte.

Vom Königshaus und dem Buchmessehaus aus hat man einen schönen Blick auf den Markt und seine Sehenswürdigkeiten. Es gibt darunter auch eine unsichtbare. Im Jahre 1919 mußten viele Aussteller unverrichteterdinge und mit langen Gesichtern die Messestadt verlassen, die Ausstellungsfläche in der Innenstadt reichte nicht aus. Unsere Vorläufer dachten tiefgründig nach und es fielen ihnen die Maulwürfe ein. Man grub auf dem Markt eine tiefe Grube. Gerüchteweise war vom Bau einer Untergrundbahn die Rede, aber es wurde nur ein Untergrund-Messehaus. (Eine Untergrundbahn haben wir bis heute nicht.) Die erste unterirdische Ausstellungshalle der Welt war 1925 fertig. Um die Struktur des Marktes nicht zu zerstören, lehnten die Stadtverordneten in einer weisen Entscheidung einen pompösen Eingang ab. Man gab sich mit der niedrigen Brüstung aus rötlichem Porphyrtuff zufrieden. Ich finde, die tut es auch.

Weißt Du noch, daß wir damals den Weg durch die Passagen gewählt haben? Manch einer, ich entsinne mich, schaute der hübschen Schwarzhaarigen im buntblumigen Sommerkleid nach. Passagen, das darf man sagen, sind typisch für Leipzig. Man kann bummeln, einen Kaffee trinken,

Torte essen, in der Hinrichsschen Buchhandlung, die in den berühmten Farben Rot und Schwarz gehalten ist, auch mal ohne die leider üblich gewordenen häßlichen Plastbehälter in den Regalen stöbern.

Wenn wir die Buchhandlung zur rechten Zeit verlassen, können wir dem Glockenspiel aus feinem weißen Meißner Porzellan in der Rotunde der Mädlerpassage lauschen. Der Blick nach oben lohnt, die interessante Dachkonstruktion und der wechselnde Lichteinfall regen die Phantasie an.

Was gibt es nicht alles für Passagen und Durchgänge in Leipzigs Innenstadt! Die Theaterpassage, Passage in Specks Hof, der Durchgang im Hansa-Haus, der kleine Durchgang im Möbelkaufhaus auf der Grimmaischen Straße, die Mädlerpassage, die Königshauspassage, die Passage im Messehaus am Markt, die Messehofpassage, die Passage im Dresdner Hof, die Durchgänge von der Katharinenstraße zur Hainstraße, von der Hainstraße zum Barfußgäßchen und zur Fleischergasse – ein Labyrinth für schaulustige Fußgänger.

Eine der schönsten ist jene, in der wir damals waren. In den farbigen »Leipziger Blättern« (um die uns selbst die Berliner beneiden) schreibt der Denkmalpfleger Wolfgang Hocquel: »Die etwa 105 Meter lange Ladenstraße zum Neumarkt ist mit der Königshauspassage (um 1930), der Mädlerpassage (1914) und dem Durchgang zum Messehaus am Markt (1963) zu einem Passagensystem von besonderem städtebaulichem Reiz verbunden worden. Eine derartige Dichte an Passagen, Durchgangshöfen und Arkaden kann nur Klein-Paris bieten.«

Paris hat seinen Eiffelturm, Prag seinen Wenzelsplatz, wir haben die Passagen. Und den schönen Markt obendrein.

Selbstredend werden diese Passagen besungen, weil in ihnen immer etwas passieren kann. Der Kabarettist Bernd-Lutz Lange fordert in seinem Lied auf: »Komm, Stefanie, wir gehn durch die Passagen ...«

Liebe Jana, wir werden nicht nur über den Markt und durch die Passagen bummeln, ich habe vor, Dich auch ins Romanushaus zu führen. Zum einen, weil es Leipzigs schönstes barockes Bürgerhaus – von außen – ist und zum anderen, weil die Künstlerverbände in ihm ihre Büros haben. Leider ist das Richtersche Kaffeehaus, das früher hier seinen Sitz hatte, nur eine historische Reminiszenz. Überhaupt hat die heutige Inneneinrichtung des Romanushauses nichts mehr mit der ursprünglichen zu tun. Dafür strahlt das von Gregor Fuchs zwischen 1701 und 1704 erbaute Gebäude mehr nach außen: es wirkt wie ein Palais. Im Erdgeschoß kannst Du bei »Kunst der Zeit« Arbeiten Deiner hiesigen Kollegen betrachten.

Zwei Häuser weiter befindet sich die namhafte Galerie am Sachsenplatz. Auch für sie werden wir uns Zeit nehmen, der Künstlerin und der Kunst zuliebe ...

Gerade merke ich, daß ich fast ins Schwärmen gekommen bin. Habe ich – hoffentlich nicht – zu dick aufgetragen? Ich will gern zugeben, daß ich entgegen meiner eingangs geäußerten Absicht nun doch fast nur die »schönen« Seiten Leipzigs aufgeblättert habe. Aber eine derartige Stadt hat viele Seiten, helle ebenso wie dunkle und mittelgraue. Wir, die wir in ihr leben, sehen sie mal so und mal so; je nach Gemüt und Verfassung und Stimmung, die Farben der Stadt wechseln, die Strukturen bleiben gleich. Wie Du habe ich zum Glück ein einigermaßen sonniges Gemüt und weiß, daß auch Du Lachtränen vorziehst. Obwohl – so lustig war der Brief ja nun auch wieder nicht.

Mich deucht, um es fürnehm zu sagen, daß ein Satz über ein Leipzig-Bild der gebührende Abschluß dieser Korrespondenz sein könnte. Es sei.

Wolfgang Mattheuer, ein hochdotierter zeitgenössischer Maler, hat ein Porträt der Messestadt, gesehen vom Völkerschlachtdenkmal aus auf die Leinwand gebracht: über der Silhouette der Stadt, der man unterschiedliche, ja, gegenläufige Attribute geben kann, ein strahlend blauer Himmel mit einigen weißen Kondensstreifen. Daraufhin angesprochen, verteidigte er seine Schöpfung mit der Frage: Warum soll es nicht einmal im Jahr einen solchen blauen Himmel über Leipzig gegeben haben?

Wenn Du kommst, liebe Jana, wird der Himmel blau sein, auch wenn es in Strömen regnet.

Seite 93: Das »blaue Wunder«,

In der Alten Börse sind die Fensterscheiben

Man weiß es vom Hörensagen: das Hotel
mit dem höchsten Niveau

Buntes Verkehrsgeschehen
auf dem Tröndlinring/Ecke Gerberstraße

Zur Messe kommen die Verkehrspolizisten
aus der ganzen Republik

Spiegeleffekte auf der Technischen Messe	In den Messekojen werden Verträge

Arkaden am Alten Rathaus

Brunnenfigur im Durchgang des Alten

Lößnig – Stadtteil am Südrand von Leipzig, Heimstatt vieler Studenten

Auf dem Sachsenplatz

Von Wachau aus sucht der Blick die in der

Heute ausgekohlte Wüste, morgen
bewaldeter Gebirgszug?

Flüchtiger Blick in den Amselpark

Inneres der kürzlich restaurierten Nikolaikirche

Seite 108: Ausguck zum »Kaffeebaum«
Seite 109: Schöne Tür im Barfußgäßchen

KWV
Leipzig

Offenbar gefällt's dem Orang-Utan

Flamingos

Seite 112: Leipzig hat viele bedeutende Museen

Seite 113: Das Museum für Völkerkunde verfügt über eine reichhaltige Sammlung. Dieser Bronzekopf stammt aus der Gegend des heutigen Benin

Vom Glanz des Alten Rathauses profitiert

Das älteste deutsche Renaissance-Rathaus
in moderner Verfremdung

Tür-Detail an einer weltberühmten Bibliothek,

Der Pusteblumen-Brunnen steht vor dem
Hotel »Merkur«

Die Grimmaische Straße abends

Immer hinein ins Vergnügen . . .
Schnappschuß von der Kleinmesse

Seite 122: Foto-Illuminationen
am Hotel »Merkur«
Seite 123: Bahnhofsleben:
Willkommen und Abschied

Seite 124: Sehen und gesehen werden –
Pausenspaziergang im Gewandhaus-Foyer

4. LICHT

UND LEBEN

Sehr verehrte Kollegin Fanny Lichtenegger,

Ihre Anschrift bekam ich von meinem stets hilfsbereiten Kollegen H. R., der das Vergnügen hatte, Sie auf dem Schriftstellertreffen in Ihrer Heimatstadt Wien kennenzulernen.

Sehr löblich finde ich Ihre Absicht, mein Leipzig besuchen zu wollen, um darüber zu schreiben. Ich wurde gebeten, ein bißchen zur Hand zu gehen, aber ich weiß vorläufig noch nicht, was wirklich für Sie von Interesse ist.

Ein Leipziger Lied (unsere Art von Humor), das Umfeld um unsere Stadt (Umweltprobleme), das Wirtschaftsleben (die Industrie), die Deutsche Bücherei (als Weltberühmtheit), die Cafés (Leipziger Gastronomie), ein Baumeister (namens Licht), die Universitäten und Hochschulen (vom Schulwesen), die Kleinmesse (ein Rummel) oder gar nur nüchterne Fakten, Zahlen und Statistik? (Hoffentlich nicht!)

Das sind die Themen, über die ich Ihnen in diesem Brief einiges andeuten möchte. Sie suchen sich einfach aus, was Ihnen gefällt.

Also zuerst ein «Lied von Leipzig«. Das fand ich in meiner Postkartensammlung, der Text ist von Obermusikmeister Radecke, der sich wahrscheinlich auch die Noten im 2/4-Takt dazu ausgedacht hat. Es ist ein nostalgisch-romantisches und nicht weltbewegendes Liedchen (vielleicht eine Auftragsarbeit zum Sportfest 1932). Wenn ich an die kleinen Wiener Liedchen denke, die, so scheints, mühelos hervorgezaubert werden, geniert es mich fast, Herrn Radecke das Wort zu geben:

Du liebes Leipzig bist wunderschön
mit deinem mächt'gen Verkehrsgedröhn,
dazu beglückt von Mutter Natur
für Sport und Wandern bewährte Flur,
lehrst Kunst, Musik und Wissenschaften –
Buch und Pelz dir Ruhm verschafften –
und Leipziger Frauen, wie lieb sie schauen!

Ich hätte nur an den letzten drei Zeilen nichts zu mäkeln. Nicht ganz ernst darf man auch den Refrain nehmen:

Schön ist's in Leipzig, in der alten Messestadt
wo stets mit Frohsinn man ist fleißig,
ob man Freude oder Sorgen hat.

Blasmusik von den »Scherbelberger Musikanten«, den »Rosentalern« oder den »Pleißetalern« und dieses aus voller Brust gesungene Lied, das wäre ein Ausdruck sächsisch-deutscher

Gemütlichkeit. Die Praterlieder, die man beim Heurigen singt, haben auf andere Weise wohl ein ähnliches Niveau?

Die erste österreichische Schriftstellerin, die Leipzig besucht, sind Sie nicht. Zu einer der jüngsten Buchmessen las Barbara Frischmuth vor ausverkauftem Haus. In den zwanziger Jahren weilte ihr berühmter Landsmann mit der roten Weste und dem Monokel, Roda Roda, in unserer Stadt. Bevor er in persona eintraf, schickte er Hans Reimann eine Karte, auf der sinngemäß stand: Reimann, Sie vergeuden mit dem »Drachen« ihr Talent in der Provinz! Kommen Sie auf meine Kosten nach Berlin und geben Sie dort den »Drachen« heraus. Roda Roda vergaß aber, das Reisegeld zu überweisen und so blieb der »Drachen« halt in Leipzig zu Hause. Der Spötter, der nie eine seiner zahlreichen Anekdoten vor dem Erscheinen in einer Zeitschrift zu erzählen pflegte, scheint tüchtige Bedenken gehabt zu haben, hätte er sonst seine »Eindrücke von Leipzig« so notiert:

Nicht mit Unrecht gilt . . .

Andererseits muß man den Leuten zugute halten, daß . . .

Kurz: man kann verstehen.

Sehen Sie, selbst Roda Roda verstand uns, obwohl Leipzig und Wien nicht miteinander zu vergleichende Größen sein dürften.

Haben Sie vielleicht die Absicht, eine Reportage zu schreiben? Da könnten Sie auf Robert Blum eingehen, der in Leipzig als Theatersekretär und volkstümlicher demokratischer Politiker lebte und vom Balkon des Alten Rathauses 1848 eine schwungvolle Rede gegen die Kleinstaaterei hielt. Daß er ausgerechnet in Wien von der Reaktion erschossen wurde, gefällt Ihnen sicher so wenig wie mir, ist aber historische Tatsache.

Oder könnte Sie Leipzigs Umgebung interessieren? Vor allem im Süden der Stadt, aber neuerdings auch nördlich wird Braunkohle im Tagebau gewonnen. Dieser Rohstoff Kohle bedeutet für uns im wahrsten Sinne des Wortes Licht und Leben.

Viele Dörfer, die das Pech hatten, einen so wertvollen Untergrund zu besitzen, mußten bereits dem Schaufelradbagger weichen, speziell im Südosten des Landkreises Leipzig. Die Tagebaue bleiben, so ist es neuerdings beschlossen, wenn sie ausgekohlt sind, keine Mondkraterlandschaft. Landschaftsgestalter lassen die Löcher voll Wasser laufen, bringen Sand ans Ufer, pflanzen Bäume und schon entstehen Seen. Etwa der Kulkwitzer See, der eine Wasserfläche von 150 ha hat und sogar eine Schiffsgaststätte »MS Leipzig«, das ist ein pensioniertes und in Ehren ergrautes Schiff, ein ausgedienter Flußdampfer, der auf nützliche Weise seinen Lebensabend verbringt.

Vermutlich wird es aber mit der berühmten Seestadt Leipzig nichts werden. Das Wasser langt nicht. Doch es werden viele Bäume angepflanzt, damit unsere Enkel später im neuen Leipziger Stadtwald vor den Toren spazierengehen und sich erholen können.

Arbeitslos werden die in die Stadt umgesiedelten Dorfbewohner der weggebaggerten Dörfer keineswegs. Speziell im Westen von Leipzig gibt es zahlreiche Industriewerke, Großbetriebe verschiedenster Art, manche sogar architektonisch reizvoll und betrachtenswert wie beispielsweise die Kammgarnspinnerei.

Leipzig sollte, wäre es nach dem Willen konservativer sächsischer Beamter gegangen, für immer eine Stadt des Handels bleiben. Das wirtschaftliche Wachstum begann nach 1830 und nahm nach 1871 an Tempo zu, weil Frankreich fünf Milliarden Kriegsentschädigung an Deutschland zu zahlen hatte. Mit diesem Geld wurden auch in Leipzig neue Industriebetriebe gegründet. Hinzu kam, daß die Bevölkerungszahl der Messestadt beträchtlich zunahm, umliegende Dörfer eingemeindet wurden. Im Jahr der Reichsgründung war Leipzig eine der acht deutschen Städte, die sich Großstadt nennen durften.

In dieser Großstadt leben heute rund 600000 Einwohner dicht an dicht, 4100 auf dem Quadratkilometer, das ist die höchste Bevölkerungsdichte in der DDR.

Die Gründer gründeten vor allem im Westen der Stadt, nicht weil sie kurzsichtig waren, sondern wegen des billigen Baulandes und der Nähe zur Eisenbahn und später, wären alle Blütenträume gereift, auch zum Hafen, der den Anschluß zur Binnenschiffahrt bedeutet hätte. Den Hafen gibt es, der hinführende Kanal wurde nie fertig und wird heute an einigen Stellen als Badegewässer genutzt. Die Luftverunreinigungen betrafen vor allem Arbeiter, die im Osten wohnten und wohnen. Der Wind weht nämlich hier meist vom Westen nach Osten.

Unternehmer ließen sich ihre Villen im Südwesten (»Protzendorf« sagt der Volksmund) und im Norden der Stadt errichten. Vom nördlichen Stadtteil Gohlis sagt unschlagbar Volkes Stimme: »Wems zu wohl is, der geht nach Gohlis.«

Land- und Nahrungsgütermaschinenbau, Gießereiwesen, Chemieanlagenbau, all das kann Leipzig bieten. Am traditionsreichsten allerdings sind der polygraphische Maschinenbau und das graphische Gewerbe, was sich u.a. auch darin ausdrückt, daß es eine Gutenbergstraße, einen Gutenbergplatz, eine Gaststätte Gutenbergkeller, eine Bücherstube Gutenberg und – im Hotel Merkur – einen Salon Gutenberg gibt.

Die Anzahl der Druckereien, lithographischen Anstalten und Verlage hatte sich immer mehr vergrößert, am Schluß des Jahres 1880 zählte man in Leipzig 350 Buch-, Kunst- und Musikalienhandlungen, nicht weniger als 82 Buchdruckereien, 200 Buchbindereiwerkstätten und 72 lithographische Anstalten. Bei Lichte betrachtet ist es nicht verwunderlich, daß man – wenn auch weit später – auf die Idee kam, daß Leipzig als Buchstadt auch Bücher aufbewahren, dokumentieren, sammeln müßte. Man wollte der Nachwelt bewahren, was geschaffen wurde. Auf diese grandiose Idee war um die Jahrhundertwende der Börsenverein der Deutschen Buchhändler gekommen. Er ließ eine riesige Bibliothek errichten – die weltberühmte Deutsche Bücherei. Seit dem Jahre 1913 wird hier alles in deutscher Sprache Gedruckte aufbewahrt; Bücher, Broschüren, Zeitschriften und andere periodische Veröffentlichungen, Dissertationen und Habilitationsschriften, kartographische Druckerzeugnisse. Seit 1941 auch im Ausland erschienene Übertragungen deutschsprachiger Werke, fremdsprachige Werke über Deutschland und die beiden deutschen Staaten. Die Deutsche Bücherei ist eine Schatzkammer von unerhörtem Wert. Sollten Sie ein Buch veröffentlicht haben, so müßte es in den Katalogen der DB verzeichnet sein. Sie ist auch, ganz nebenbei bemerkt, der Platz, an dem ich viele Stunden verbringe, lesend, studierend, in alten Zeitungen und Zeitschriften blätternd.

Besondere Verdienste erwarben sich die Bibliothekare mit dem Aufbau einer Sammlung Exil-Literatur 1933–1945. Viele Exil-Verlage, wie der Malik-Verlag Prag, der Bermann-

Fischer-Verlag in Wien und Stockholm, schickten mit voller Absicht zwischen 1933 und 1945 ihre Werke an die Deutsche Bücherei. Sie wollten, daß diese Bücher öffentlich angezeigt wurden, es war ein Teil ihres Kampfes gegen den Faschismus. Bis 1936 wurden diese Titel einer Zensur unterworfen, danach ihre Aufnahme in Allgemeinbibliographien verboten, lediglich in kleiner Auflage erschienen »Vertrauliche Informationen«. Es war dunkel in dieser Zeit in Deutschland, kluge Bibliothekare trugen dazu bei, daß Lichtstrahlen von draußen hereindrangen.

Jedenfalls lohnt ein Besuch der Deutschen Bücherei immer und die Exil-Literatur-Sammlung krönt die Tätigkeit dieser einzigartigen Unternehmung. Untergebracht sind diese Bücher im obersten Stockwerk, unter dem Dach. Man muß eine schmale eiserne Wendeltreppe erklimmen, ein Klopfzeichen an eine Eisentür geben und wird dann unter die Lupe genommen.

Vom sekreten Lesesaal hat man einen wunderschönen Blick auf die Stadt, die Russische Kirche mit ihrem vergoldeten Zwiebelturm glänzt im Vordergrund, und das wechselnde Licht beschert einem jedesmal einen neuen Blick auf Leipzig. Am Morgen kann man beobachten, wie sich die Dunstschleier heben, mittags liegt alles in gleißendem Licht, und am späten Nachmittag glaubt man einen bläulich-gelben und gelegentlich auch violetten Schimmer über der Messemetropole wahrzunehmen. Wie es von da am Abend aussieht, blieb mir leider bisher verborgen, da man um 16 Uhr unwiderruflich hinauskomplimentiert wird – aus dem »Geheim«-Lesesaal. Die normalen Lesesäle haben bis 22 Uhr geöffnet und damit ist die DB weitaus besucherfreundlicher als unsere Cafés. Bei denen ist um 18 Uhr Feierabend.

Für den Fall, liebe Kollegin, daß Ihnen etwas Feuilletonistisches vorschwebt, muß ich Sie auf unsere Cafés aufmerksam machen.

Ein spezieller Tip ist das Café Corso auf dem Neumarkt, speziell deshalb, weil dort Geheimtips über künftige Genies gehandelt werden. In der hinteren Abteilung sitzen alle, die sich für gewesene oder künftige Genies halten, vom Studenten bis zum Maler. Weiter vorn haben kuchenlöffelnde Damen, die dem Lied Ihres Landsmannes Udo Jürgens »Aber bitte mit Sahne!« alle Ehre machen, Platz genommen.

Das perfekte Café, in dem der Kellner seinen Stammgast begrüßte und ohne Aufforderung das Spezialgetränk vor ihn stellte, gibt es wohl nur noch in der Literatur. Apropos: ein richtiges Literatencafé hat es in Leipzig wirklich gegeben.

Im »Kaffee Merkur« sollen 100 Zeitungen ausgelegen haben. Es muß eine Leipziger Ausgabe vom Café »Größenwahn« gewesen sein. Da saßen Genies und Pumpgenies, Könner neben Biederen, Ballettmädchen und Choristinnen und Schauspieler, Maler und ihre Modelle, Journalisten, Kritiker und die von ihnen Kritisierten. Die Inneneinrichtung war, glaubt man zeitgenössischen Berichten, bescheiden: nüchterne Tische, Rohrstühle, bejahrte Oberkellner, aber eben auch ein Wirt, der das Geschäft geschickt zu führen verstand. Einer, der es wissen mußte, ein Bohemien namens Woldemar Sacks, ein vergessenes Leipziger Original, das zudem über eine gehörige Portion Talent als Journalist, Musiker und Parodist verfügte, gehörte zu den Stammgästen. Sacks gab Vortragsabende und die stellte er nach seinem Motto zusammen: »Wenn man Perlen vor die Säue wirft, muß man Kartoffelschalen dazu tun, sonst fressen sie's nicht.« In einem Artikel in der schon lange verblichenen Zeitschrift »Der Leipziger« hat er seinem Domizil ein literarisches Denkmal gesetzt: »Der Stamm des Kaffee Merkur, der ruhende Pol in der Erscheinungen Flucht, bildet ein Häuflein von Künstlern, Schriftstellern und Gelehrten aller Grade und Altersstufen. Sie kommen nicht nur einmal täglich hin, sondern vier, fünf und sechs Mal: fünfmal zum Hingucken, ob wer da ist und das sechste Mal zum Bleiben, ja – im Winter wohnen manche da und die Anschaffung eines großen Hotelbettes, das stundenweise verliehen wird, ist nur noch eine Frage der Zeit.«

Im »Merkur« saßen der junge und weithin unbekannte Max Schwimmer, der als Dramatiker rühmlich und als Kirchenstürmer unrühmlich bekanntgewordene Eugen Ortner und der Lyriker Walter Steinbach. Schwimmer kritzelte auf die Marmortische erotische und laszive Skizzen. Der Oberkellner wischte es einfach wieder ab. Was gäbe man drum, wenn man heute eine Marmorplatte mit Arbeiten des jungen Schwimmer hätte.

Es war schon ein eigenartiges Leben im »Kaffee Merkur«. Mancher, der dort verkehrte, hielt sich für einen bedeutenden Zeitgenossen, andere blieben still und bescheiden und stellten vielleicht ihr Licht unter den Scheffel. Einige wieder waren darauf aus, ihr Licht vor den Leuten leuchten zu lassen – und es blieb dunkel.

Einer, der sein Licht nicht unter den Scheffel zu stellen brauchte, und der noch dazu Licht hieß, hinterließ Spuren in Leipzig, sein Leben war Bauen. Ich rede von Hugo Licht. (Vielleicht können Sie das als Vorarbeiten für ein Porträt verwenden?) Doch zuvor zwei Sätze zu seinem Nachnamensvetter Barnet Licht. Barnet Licht war Chorleiter, und die Lichtschen Arbeiterchöre waren neben denen von Paul Michael und Otto Didam geleiteten die leistungsfähigsten. In der dunklen Nacht des Faschismus verstummten sie, jetzt sind sie in der Volkssingakademie vereint.

Hugo Licht stammt, wie viele, die es in Leipzig zu etwas brachten, nicht aus Leipzig. Geboren wurde er in einem schlesischen Dorf, studiert hat er in Berlin, Wien und Italien. Ostern 1879 berief man ihn zum städtischen Baudirektor. Unter seiner Leitung stand der Bau des Neuen Rathauses. An ihm können Sie übrigens Ihre Lateinkenntnisse überprüfen, an mancherlei Stellen des Gebäudes finden Sie lateinische Inschriften. An der Uhr steht geschrieben: Mors certa hora incerta. *Der Tod ist gewiß, die Stunde ungewiß. Boshafte Leute haben das auch übersetzt mit: Die Uhr geht todsicher falsch. An der Südwestfront kann man lesen:* Publico consilio publicae saluti. *Auf Beschluß der Stadt für das Wohl der Stadt. Unter dieser Schrift symbolisieren fünf Statuen die Berufszweige, die man seinerzeit für die wichtigsten hielt: Justiz, Buchkunst, Wissenschaft, Musik, Handwerk. Auf der Ostseite schließlich:* Fortiter in re, suaviter in modo, constante in se. *Streng in der Sache, mild in der Form, treu sich selbst.*

Hugo Licht hatte auch mit dem Mendebrunnen zu tun, der heute vor dem Neuen Gewandhaus nahezu an seiner ursprünglichen Stelle steht. Selbst der große Egon Erwin Kisch kann irren, und in seiner Geschichte um den Mendebrunnen hat er sich geirrt. Irren ist menschlich. Seine Version, die auf einer Namensverwechslung beruhte, war lange Zeit populärer als die richtige. Die Musikhochschule »Felix Mendelssohn Bartholdy«, das frühere Konservatorium, stammt ebenfalls von Hugo Licht. Ob man ihn wegen seines Namens auch mit Bauten auf dem Friedhof betraute? Wo Licht ist, ist auch Schatten, wo Leben ist, ist auch Tod.

Hugo Licht erbaute die Kapelle und die Leichenhalle auf unserem größten Friedhof, dem Südfriedhof.

Eine Hugo-Licht-Straße unmittelbar neben dem Neuen Rathaus erinnert an sein Leben und Wirken in Leipzig.

Mendebrunnen, Neues Gewandhaus und Sektionshochhaus der Karl-Marx-Universität schließen den Karl-Marx-Platz nach Süden ab. Das Haus mit dem kühnen Dach, der Panorama-Etage und dem 112 Meter über der Stadt gelegenen Restaurant, hat viele Namen: »Uniriese«, »Intelligenzsilo« und noch ein paar, die ich mir lieber verkneife. Der Bau soll ein aufgeschlagenes Buch verkörpern, das Dach die hoch hinaus strebenden wissenschaftlichen Ziele, und die Höhe soll bedeuten, daß bei uns Wissenschaft und Lehre auf der Höhe sind: welch tiefe und ergreifende Sümbolikkkk!

Das Haus ist zu hoch, um es zu übersehen.

Leipzig ist eine Hochburg der Wissenschaft, unbestritten. Wir haben nicht nur die Karl-Marx-Universität, nein, da existierten die Technische Hochschule, hervorgegangen aus der Bauhochschule und der Ingenieurhochschule, die Handelshochschule, die Pädagogische Hochschule »Clara Zetkin«, die Theaterhochschule »Hans Otto«, die Musikhochschule »Felix Mendelssohn Bartholdy« und die Hochschule für Grafik und Buchkunst.

Es hat Dutzende Fachschulen, darunter zwei für Bibliothekare (auf der namens »Erich Weinert« habe ich vor langer Zeit herrliche Jahre verbracht) und eine für Gastronomen.

Leipzig ist auch Sitz der Deutschen Hochschule für Körperkultur und Sport, kurz DHfK. Dort geht man als talentierter junger Mensch hinein und kann, wenn's gut geht, als Olympiasieger oder Weltmeister wieder herauskommen.

Der Alltag der jungen Studentinnen und Studenten sieht anders aus, obwohl wirklich viele Landes-, Europa-, Weltmeister und Olympiasieger die DHfK-Bänke gedrückt haben. Ausgebildet werden Sportlehrerinnen und Sportlehrer und in den Sommerkursen auch ausländische Trainer auf den verschiedensten Gebieten.

Kein Zufall, daß gegenüber der DHfK das Zentralstadion mit einer modernen Flutlichtanlage steht. 100000 Zuschauer und noch ein paar mehr gehen da hinein. Bei Fußballspielen geht es auch auf den Rängen oft lebhaft zu.

Bewegung, Eleganz, Kraft, Geschicklichkeit, Licht und Leben sind Worte, die bei den Turn- und Sportfesten immer berechtigt sind. Tausende beteiligen sich an ihnen, und Leipzig macht sich dann besonders fein und sieht farbenfroher aus. Manch hinfälliges Gemäuer profitiert ebenfalls vom Sportfest, es wird frisch gestrichen! Farbe muß sein.

Im Stadion sitzen während dieser teils beeindruckenden, teils berührenden und teils normalen Vorführungen nicht nur die Zuschauer. Auch sogenannte Aktive haben auf der Osttribüne Platz genommen. Mit bunten Tüchern und auf Kommando bilden sie lebende Bilder, Embleme, Wappen und Losungen. Ein spaßiger Effekt, Demonstration von Disziplin und Größe. Und vielen gefällt's.

Ich weiß von einem Satiriker, der von sich behauptet, er habe seine Schriftsteller-Karriere als Komma auf der Osttribüne begonnen. Ein lustiger Einfall. Überwiegend heiter geht es auf der gleich neben dem Stadion gelegenen Kleinmesse zu. Das ist eine »Messe« nur dem

Namen nach. Es handelt sich einfach um einen Rummelplatz mit Karussells, Schießbuden, Riesenrädern, Walzerfahrt zum Mond, Glücksspielbuden, Bierzelten, Achterbahn, Auto-Twister und was sonst noch alles dazu gehört. Glitzerndes, kaltes Licht ist charakteristisch für die Kleinmesse, die 1982 75jähriges Jubiläum beging. Historische Vergleiche sind immer und allzeit ein bißchen ungerecht, aber dennoch: den Glanz von 1907 hat sie trotz aller Bemühungen der zeitgenössischen Schausteller wohl nicht. Damals fesselte einen Berichterstatter beispielsweise das »Größte Welt-Panorama des Professors Rivorinus«, und er war so vigilant, die originalen Ankündigungen zu notieren: »Kommen Sie herein, meine Herrschaften! Hier sehen Sie die größten und weltberühmtesten Affairen von die Natur von die errsten Künstlerrr der Walt gemallen! Das spuckende Fessuv! Der Errrdbeben von San Franzisko! Die Martern in der Folterkammer! Monsieur Hennig Guillotinade! Der Harem von das Sultan, das Sensationellste – ein prachtvolles Tableau mit die enthüllten Geheimnisse der osmanischen Vielweiberei! Sie sehen Seine Majestät mitten in die 30 superben Damen, bewacht von das Eunuch!«

Wie gesagt: 1907. Das kann die zweimal jährlich stattfindende Kleinmesse nicht mehr bieten. Im selben Jahr dichtete Fritzchen Mrweesesnich – un mr wees es wärglich nich, wär das war – über den »neien Meßblatz« in der »Leipziger Volkszeitung«:

Der neie Meßblatz dud een beinahe leed,
Denn wenig Nutzen derfde draus erschbrießen.
Da hammer nu 'ne Sehenswärdiggeed
Unn gennse doch vor Gälde nich genießen!!

Zu jener Zeit hieß der Chefredakteur der »LVZ« Franz Mehring. Er wußte, daß seine Leser auch unterhalten sein wollen. Die »Leipziger Volkszeitung« gilt als ein traditionsreiches Unternehmen und kann auf die Mitarbeit von namhaften Leuten zurückblicken; das 1894 gegründete Blatt der Linken erscheint noch heute, und wer schrieb nicht alles hier: Bruno Schönlank, Rosa Luxemburg, Julian Marchlewski, Hermann Duncker, Clara Zetkin.

Die brachten Leben in das Unternehmen. Heute befindet sich im ehemaligen Gebäude der »Leipziger Volkszeitung« die Lenin-Gedenkstätte. Lenin ließ in Leipzig-Probstheida die ersten Nummern der »Iskra« (Funke) drucken. Auch das ist jetzt ein Museum. Nach Leipzig war Lenin nicht zuletzt wegen des guten Rufes der LVZ gekommen. Aus dem Leninschen Funken schlug später die Flamme und erleuchtete ein Drittel der Welt.

Benötigen Sie für Ihre Arbeit statistisches Material? Für ein Feature oder ein Sachbuch könnte das unter Umständen brauchbar sein, hier ein Probeangebot: Das Wohnhochhaus in der Wintergartenstraße enthält 210 moderne Wohnungen. Zu Ehren der 22000 russischen in der Völkerschlacht gefallenen Soldaten wurde die Russische Kirche mit dem typischen Zwiebelturm errichtet. Im Georgi-Dimitroff-Museum, dem früheren Reichsgericht, in dem Dimitroff den Nazis ihre erste Niederlage beibrachte, gibt es 2400 Gegenstände, Kunstwerke und Medaillen, 1000 Schallplatten vom Reichstagsbrandprozeß, 6700 Fotos und 10 Filme und rund 16000 Dokumente. Leipzig hat 16 Kunst-, Geschichts-, Memorialmuseen und Gedenkstätten. Jährlich strömen über 1 Million Besucher herbei. 70000 Interessenten nehmen an der

Internationalen Kurz- und Dokumentarfilmwoche teil. Rund 50 »Schönste Bücher« werden alljährlich gekürt. Die Universitätsbibliothek, erbaut von Arwed Roßbach, verfügt über 3 Millionen Bände und ist damit die größte Bibliothek ihrer Art in der DDR.

»Leipzig ist eine weltoffene, schöne und freudige Stadt, eine Stadt der Zukunft,« sagte der ehemalige britische Kronanwalt D. N. Pritt.

Ihr Landsmann Walter Hollitscher ist Ehrendoktor der Karl-Marx-Universität.

Döblin notierte: »Ach habt Ihr's gut in Leipzig«, war allerdings so weise nicht auszuführen, warum und weshalb.

Ob wir es tatsächlich gut haben, davon können Sie sich bei ihrem Besuch überzeugen. Kommen Sie mit dem Auto oder der Eisenbahn? Oder gar mit dem Motorrad (auf einer Polaroid-Fotografie, die mir H. R. zeigte, sind Sie auf einem solchen Gefährt zu sehen)?

Wir haben mancherlei, bei weitem nicht »von jedem etwas«. Das wäre schlimm. Wir haben noch diese und jene Lücke (nicht nur Baulücken). Sie aber fallen besonders im Zentrum immer noch unangenehm ins Auge. Wir haben keinen Zirkus mehr, kein Varieté, keine Konzert-Cafés, trotz Merkur und anderer Interhotels viel zu wenig Hotelbetten, nie Taxen in ausreichender Anzahl (Messe ist ein Sonderfall, und das sind nur 2 Wochen im Jahr), kein heimisches Originalgetränk (früher hatten wir Gose), keine satirische Zeitschrift, keine Abend-Zeitung. Doch was uns fehlt, hoffen wir mit sächsischer Gemütlichkeit zu ersetzen. Allein desderwechen, wie die Leipziger so schön zu sagen pflegen, würde sich die Fahrt lohnen. Zum Abschluß meines Briefes in die österreichische Metropole darf ich Sie fragen, ob ich Ihnen das eine oder andere Licht anzünden konnte. Mit Verlaub, liebe Kollegin, fällt mir da rein zufällig (gerade habe ich nachgesehen) ein Goethe-Zitat ein, dessen letzte Zeilen lauten:

Man sehnt sich nach des Lebens Bächen,
Ach! nach des Lebens Quelle hin!

Was nicht heißen soll, wir, Leipzig und die Leipziger, seien des Lebens Quelle und so etwas wie der Nabel der Welt. Es ist nur eine von vielen urbanen Metropolen, die zweitgrößte Großstadt unseres kleinen Landes. Sie hat viele Gesichter – so pflegt man zu sagen – und sie ist zum Glück lebendig und lebensfroh.

Nehmen Sie diese Stadt als Studienobjekt. Wer weiß, vielleicht zitieren Sie zum Abschied Schiller:

O! das Leben hat Reize, die wir nie gekannt.

In diesem Sinne: Herzlich Willkommen.

Seite 133: Durchblick Ecke Schiller- und Universitätsstraße

Abend in Stötteritz

Neumarkt-Architektur

Moderne Kunst im Erdgeschoßbereich des Wohnhochhauses Wintergartenstraße

Historische Figuren und Zeitgenossen beleben den Neubau: Seminargebäude der Universität

MAVIVS
DOMINI

Hauptverkehrsmittel ist die »Bimmel«.
Doppelhaltestelle am Friedrich-Engels-Platz

Auerbachs Keller in der Mädlerpassage

Seite 140 oben: Und nach der Trauungszeremonie ein Bummel über den Alten Markt
Seite 140 unten: Junges Glück im alten Gemäuer – Hochzeit in Lindenau

Seite 141: Das Leipziger Wappen auf dem Marktplatz

BÜCHERKABINETT

Sämereie
7
Rietsc
stra

Sommerkonzert im Hof des Grassimuseums

Grabmal Friedrich Oesers
im Hof des Grassimuseums

Unter den Augen Bachs
findet im »Leipziger Sommer« die Musik
auf dem Thomaskirchhof statt

Wandgemälde von Sighard Gille

Die Orgel im Neuen Gewandhaus

Die weltberühmte Pfeffermühle
. . und ein Blick ins Kellertheater

Seite 148: Beobachtung auf der
Fußgängerbrücke am Friedrich-Engels-Platz
Seite 149: Hier muß auch am Tage mit Licht
gefahren werden: Viadukt Berliner Straße

30

Der Anfang der Schloßgasse
vom Peterskirchhof aus gesehen

Seite 151 oben: Der »Kaffeebaum« wird gelüftet
Seite 151 unten: Cafébar Capucchina in der Mädler-Passage

Oben rechts: Minnesänger und Angebetete: Mitwirkende am »Markt-Spectaculum«

Rechts unten: Das Fenster der »Galerie am Sachsenplatz« geht auf die Freifläche der Mokkastube von »Leipzig-Information«

Seite 152: Messefein – Passage Specks Hof
Seite 153: Gegen Sonne und Regen beschirmt – Freisitze der Milchbar Petersstraße

1917
LEIPZIG
1918
LEIPZIG
1921

Historische Pumpe am Thüringer Hof

Vor dem Café Concerto, Thomaskirchhof 13

Erich-Ferl-Straße – eine Geschäftsstraße

Oswaldstraße: In Erwartung der Dinge,

Licht, Luft, Sonne, Wasser: Ferienleben am Auensee

Friedliche Kahnpartie ebendort

Seite 160: Die S-Bahn Leipzig, leider nur
noch selten in den Stadtfarben;
Ausfahrt aus dem Haltepunkt Coppiplatz

F
242 108-9